歴史文化ライブラリー
528

女と男の大奥

大奥法度を読み解く

福田千鶴

吉川弘文館

目　次

女たちの大奥に出入りする男たち——プロローグ

大奥はどこにあるのか

本書のメイン・テーマは、江戸城大奥《おおおく》である。一般に大奥といえば、江戸幕府将軍の後宮のことを指し、将軍の家族やそれに仕える多くの女性たちが暮らしていた。そう聞けば、女たちの愛憎劇や陰謀渦巻くいつもの「大奥」話を期待されるかもしれない。しかし、そのような「女たちの大奥」という固定観念を大きく改めたい、というのが本書のねらいである。

本書の舞台となる大奥は、いうまでもなく江戸城の中にある。では、「江戸城はどこにある？」。

今どきの学生にそう尋ねると、一瞬、思考が止まることがある。江戸城というからには東京にある、というところまでは思いつくのだが、そこから先が進まない。そこで、今の

図１　江戸城本丸大奥エリア（右手は大嘗宮，中央左側に天守台がみえる．2019年12月１日，筆者撮影）

皇居だと教えると、「やはり、そうだと思っていました」という展開になる。

つまり、現在の皇居のある場所が、江戸城である。皇居を訪ねて坂下門《さかしたもん》から入ると、左手に宮殿がみえてくる。これは、もとは西の丸だった場所。そこから右手に、一段高くなった場所に本丸がある。蓮池門《はすいけもん》を通って本丸エリアに向かい、左右に分かれた右手の道を選び、富士見《ふじみ》櫓《やぐら》を左側に見上げながら進むと、前方に二の丸エリアがみえる。その手前に本丸に登城するための中《なか》の門《もん》があり、門を通過して番所《ばんしょ》を背にして進み、U字に折れた坂道を上れば中雀門《ちゅうじゃくもん》があり、表玄関付近に到着する。そうすると、その先に広がる本丸広場の一番奥に、巨大な天守台がみえる。そこまでが本丸エリアである（図１）。

大奥で女中の住居だった長局《ながつぼね》跡地付近には、今はカラフルでかわいらしい円筒状の宮内庁雅楽部桃華楽堂が建つ。令和元年（二〇一九）の大嘗祭《だいじょうさい》の際には、大奥エリアに大《だい》嘗宮《じょうきゅう》が建立され、連日テレビで上空から映し出されていたので、ご覧になられて記憶に残っている方もいるだろう。

女中の通用門

では、大奥へはどのルートで入ったのか（図2）。通常、女中たちが出入りを許された通用門は、江戸城北側に設けられた平川門《ひらかわもん》である。地下鉄の竹橋駅を降りて、大手町方面側の地上出口を出た先にある。平川門を入ると三の丸エリアがあり、それを背にして下梅林門《しもばいりんもん》を抜け、やや急な坂道を上ると上《かみ》梅林門があり、左に曲がった先に本丸の裏門となる切手門《きってもん》があった。今は宮内庁書陵部がある。ここから先が大奥エリアである。切手門ではあらゆるものが改めを受け、門に届けられた書立《かきたて》に名がある者のほかは、門札や切手を持たなければ通行は許されなかった。

切手門を抜けると、中仕切門《なかしきりもん》・広敷門《ひろしきもん》があり、これを抜けるとようやく大奥玄関となる。これは将軍本妻専用の出入り口および姫君などの来客用であり、一般の女中たちはその右脇にある通用口（中の口）を使った。また、女中の使用人である部屋子やその親類、元女中などの来訪は、広敷門を入って右脇にある七つ口を通って各部屋に入った。つまり七つ口とは、大奥女中たちに仕える部屋方（使用人）たちの出入り口であり、暮《くれ》の七つ時《どき》（午

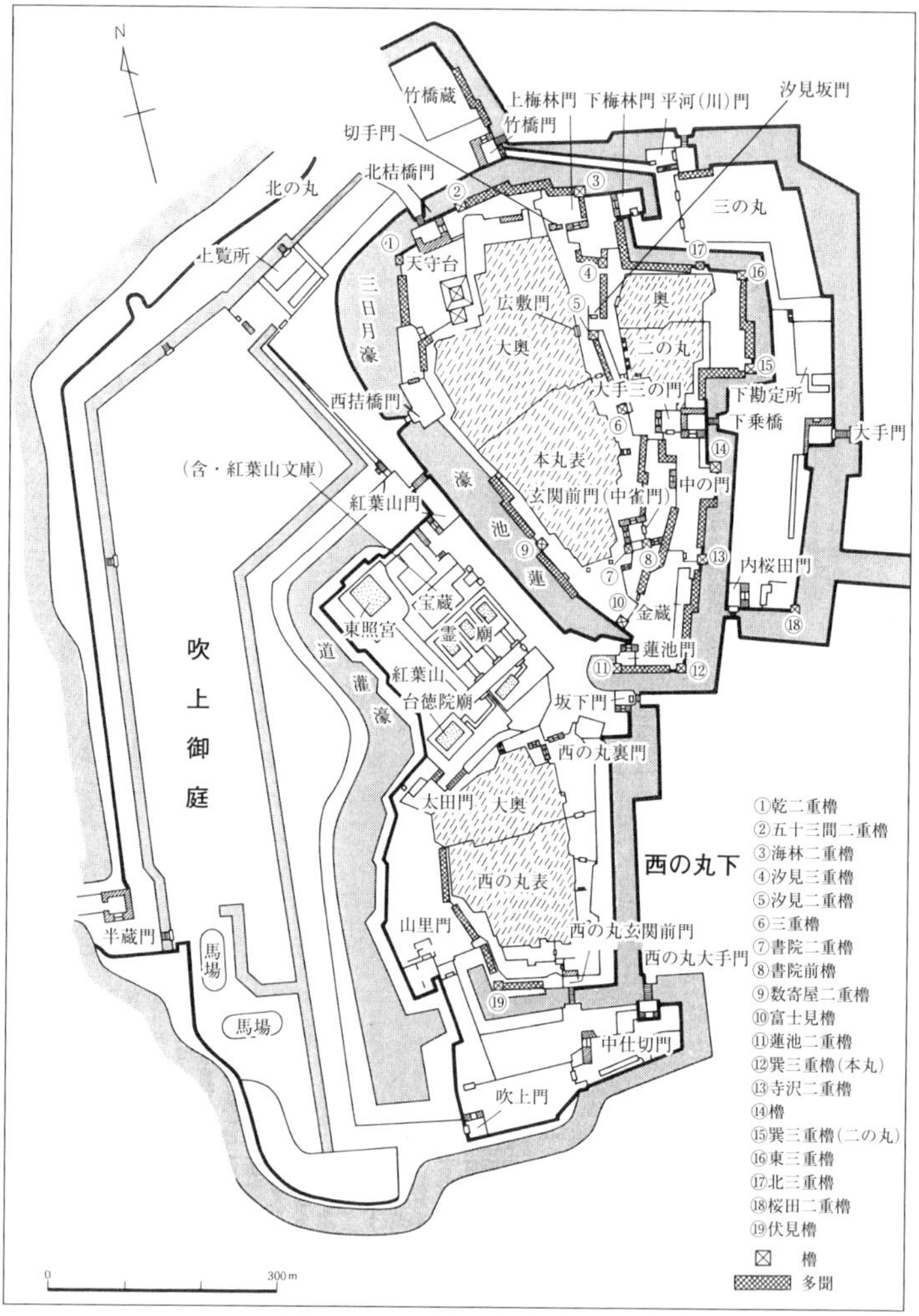

図２　江戸城本丸・西の丸殿舎・櫓配置図
（出典）『国史大辞典』第２巻（吉川弘文館，1980年）より作成．

後四時頃）に〆戸《しめど》が閉まるのでその名がある。詳しくは、順次、本論で述べていくことにしよう。

大奥研究の進展

さて、いわゆる「大奥」を描いた本に決まってよく出てくる話は、後年になって編纂された『柳営婦女伝系《りゅうえいふじょでんけい》』『幕府祚胤伝《ばくふそいんでん》』『以貴小伝《いきしょうでん》』、あるいは幕末の大奥女中や奥向役人からの聞書《ききがき》に基づいて、繰り返し叙述されてきたといってよい。それ自体は貴重な話であり、それらによってしか得られない知見も多々あり、本書でも参照している。ただし、限られた史料として繰り返し使われ、かつ十分な裏づけのないまま鵜呑みにされていることも多いために、手垢のついた胡散臭い話となってしまった嫌いがある。

その一方で、近年、大奥研究は大きく進展している。大奥に奉公した女中の実家の日記や大名家の老女《ろうじょ》から大奥の女中に宛てた手紙、あるいは大奥の人事を記録した「女中帳」などの同時代史料によって、実証的な研究が進みつつある。今後も新たな史料が発掘され、さらに実証的な研究が深まることが期待される。また、竹内誠・深井雅海・松尾美恵子編『徳川「大奥」事典』により大奥の基礎的事項が網羅的にまとめられ、この三人に藤田英昭を編者に加えて『論集大奥人物研究』が刊行され、将軍家御台所《みだいどころ》から側室・姫君・老女をはじめとした女中などの人物研究も深められつつある。現在の大奥研究の水準は、この二書によって大きく示されたといえよう。

右のような研究段階にあり、大奥研究の論点も多岐にわたりつつあるので、本書に一本の筋道を通しておきたい。その筋道とは、大奥研究の基本に位置する大奥法度《はっと》を読み解き、通時的に大奥の変遷を見通すことである。

奥方法度と女中法度

大奥法度は、大きく二つに分けられる。まず、奥方《おくがた》法度である。これは、大奥の出入りを管理する大奥広敷向《ひろしきむき》に勤番する男性役人に向けて出された法度のことをいう。江戸城本丸には、元和四年（一六一八）・同九年・万治二年（一六五九）・貞享元年（一六八四）・享保元年（一七一六）・同六年・同十六年・寛政元年（一七八九）・嘉永六年（一八五三）の九回に及ぶ改定があったが、享保六年に法文の固定化をみる。よって、享保六年よりあとの三回は、単に年号が書き改められたにすぎなかった。なお、西の丸や二の丸に大奥が設けられた際には、本丸に準じた奥方法度が定められた。

次に、女中法度がある。これは大奥に奉公する女中に向けて出された法度のことをいう。四代将軍徳川家綱《とくがわいえつな》の治世にあたる寛文十年（一六七〇）に最初の女中法度が発令された。以後、元禄九年（一六九六）・同十二年・正徳二年（一七一二）と出され、これも享保六年の女中法度をもって法文が固定化した。以後は個別に細目を取り決めることはあっても、女中法度として触れ出されることなかった。なお、嘉永六年には享保六年の女中法度が再度通達されるとともに、享保以後に出された細目をとりまとめた「七《なな》つ口《ぐち》定書《さだめがき》」が制定された。

このように、大奥法度は男性向けの奥方法度が近世初期に先行して整備され、女性向けの女中法度が寛文十年に制定され、享保六年の改革を経て、奥方法度および女中法度はいずれも法文の固定化をみることになった。しかし、こうした法度の性格差や段階差を十分に位置づけてこなかったために、奥方法度を大奥女中に向けて出された法度だと誤解した文献もある。そこで、まず何よりも奥方法度は男性に向けた法度であることを確認しておきたい。奥方イコール女性ではないのである。大奥の歴史に男性の存在を位置づけて描いていく必要がある。

また、これまでも大奥法度を用いた研究はあったが、部分的な引用や分析にとどまり、大奥法度全体を通時的に読み解いてこなかった。よって、大奥法度全体を丁寧に読み解く作業を進めることで、従来の大奥本にみられる曖昧な理解や明らかな誤謬《ごびゅう》を正し、大奥の基本中の基本を描き出していくようにしたい。そして、これらを分析すると、女の園だと思われていた大奥に、いかに多くの男たちが出入りをしていたのかが明らかとなっていくだろう。

引用史料

本書では、大奥法度（奥方法度と女中法度）を基本的に読み解いていく。

引用史料は現代語に訳すことを基本としたが、原文が平易なものは読み下し文を示して大意を併記するようにした。また、仮名を適宜漢字に置き換え、濁点を付すなど、読みやすさを考慮した。法度条文には丸囲み数字を置き、箇条数がわかるように便宜をはかった。なお、嘉永六年（一八五三）の奥方法度のみは総括の必要から本書にて原文を示したが、そのほかの大奥法度の原文を確認したい場合には、福田千鶴「江戸城本丸女中法度の基礎的研究」（『九州文化史研究所紀要』六二、二〇二〇年）、同「江戸城本丸奥方法度の基礎的研究」（『国立歴史民俗博物館報告』近年刊行予定）を参照いただければ幸いである。

また、巻末に江戸幕府職制図を掲げたので、適宜参照いただきたい。

江戸城大奥の成立

江戸城を構成する人びと――表向と奥向

これから江戸城大奥《おおおく》の変遷を見通し、その歴史の中に女性だけでなく、男性の存在と役割を描いていくにあたり、おさえておくべき概要を簡単に説明しておきたい。

表向と奥向

上級武家の屋敷では、来客を迎えて応接し、儀礼を営む表御殿《おもてごてん》が必要だった。これとは別に、当主とその家族が日常生活を送る奥御殿《おくごてん》が設けられた。前者を表向《おもてむき》、後者を奥向《おくむき》と捉えることができる。表向とは表の方向にある御殿、奥向とは奥の方向にある御殿という意味である。これを表方《おもてかた》・奥方《おくがた》と呼ぶ場合もあるが、江戸時代の史料表現の中では、「方《かた》」より「向《むき》」の方が広い空間を指す傾向が認められるので、まずは御殿空間のことを表向と奥向とに概念化をしておきたい。加えて、表向（表御殿）の中がまた表の方と奥の方に分かれ、奥向（奥御殿）もまた表の方と奥の方に分かれる。よって、これを表向表方・表向奥方、奥向表方・奥向奥方と捉えて、武家屋敷におけるそれぞれの空間が果たした役割を分析することが必要になる。

ところが、江戸城の場合は、この表向（表御殿）と奥向（奥御殿）とが同一の敷地内に隣接して設けられたことで、表向の奥方と奥向の表方とが入れ子の状態になっており、右のように四つの空間に分けて理解することを難しくしている。従来の理解ではそのことに注意を払うことなく、江戸城を建築構造上の観点から表《おもて》・奥《おく》（中奥《なかおく》）・大奥という三つの空間に分かれると説明してきた。それ自体は誤りではないが、奥（中奥）が表向にあると考えられてきた点に問題がある。

いわば筆者は、奥（中奥）は奥向にあると考える点で、従来の見解とは大きく異なる立場にある。将軍の御座之間《ござのま》（常《つね》の御座所《ござしょ》）のある奥（中奥）の本質は奥向であり、奥向（奥御殿）の表方として理解すべきことを提唱しているのである。まずはそのことを理解していただいたうえで本論に進みたいので、以下に解説しておきたい（図3）。

表向の部屋

表向の表方には、まず江戸城での儀礼を営む空間があり、表玄関を入って大広間《おおひろま》・白書院《しろしょいん》・黒書院《くろしょいん》と奥に向かって部屋が並んでいた。殿中《てんちゅう》での儀礼は家格の違いによって営む部屋が異なり、一番奥に近い黒書院で儀礼を受ける方がより高い格式の家ということになる。これらの儀礼に参加するために大名たちが登城すると、

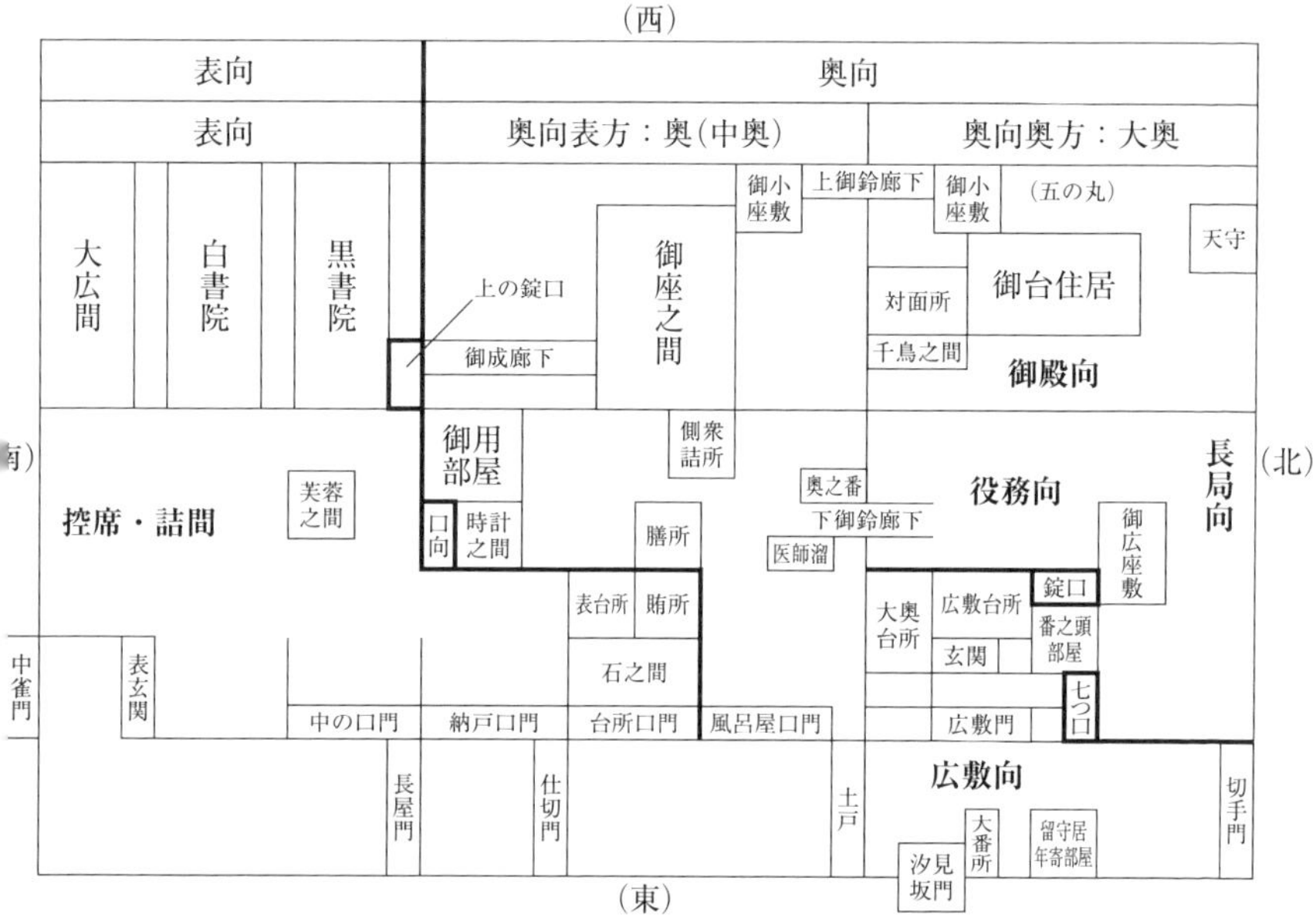
(西)
表向
奥向
表向
奥向表方：奥(中奥)
奥向奥方：大奥
大広間
白書院
黒書院
上の錠口
御成廊下
御座之間
御小座敷
上御鈴廊下
御小座敷
(五の丸)
天守
御台住居
対面所
千鳥之間
御殿向
(南)
控席・詰間
芙蓉之間
御用部屋
口向
時計之間
側衆詰所
膳所
奥之番
下御鈴廊下
医師溜
役務向
長局向
(北)
御広座敷
錠口
表台所
賄所
大奥台所
広敷台所
番之頭部屋
玄関
石之間
七つ口
中雀門
表玄関
中の口門
納戸口門
台所口門
風呂屋口門
広敷門
長屋門
仕切門
土戸
広敷向
大番所
留守居年寄部屋
切手門
汐見坂門
(東)

図３　江戸城概念図

家格に応じて控える部屋（控席）がある。また、毎日の登城を義務づけられた譜代大名の場合は、日常的に詰める部屋（詰間《つめのま》）が決まっていた。これらを総称して殿席《てんせき》（殿中席《てんちゅうせき》次《なみ》）といい、溜《たまり》の間《ま》・大廊下《おおろうか》・大広間・帝鑑間《ていかんのま》・柳間《やなぎのま》・雁間《がんのま》・菊間《きくのま》などがあった。外様《とざま》に分類される大名たちは表向の一番表側にある表玄関からそれぞれの控席に入ったが、幕府の役職にある者は表玄関ではなく、表向の勝手口にあたる中《なか》の口《くち》や納戸口《なんどくち》から入った。中の口付近の両側には軽輩の幕府役人の部屋がウナギの寝床のように並ぶ。さらに中の口より奥側にある納戸口付近の両側には、老中・若年寄・側衆《そばしゅう》ら重職の部屋が並ぶ。納戸口を出た左脇には仕切門があり、これを通った先にある台所口周辺には、登城した役人の食事を作る表の台所や将軍の食事を作る膳所《ぜんどころ》台所があった。

表向に勤務する番方《ばんかた》（軍事職）や表向の役人は、原則として将軍の御座之間のある奥向に入ることは許されなかった。それゆえ、将軍が黒書院へ向かう御成廊下《おなりろうか》の先には杉の仕切戸があり、将軍が表向に出入りをする際、または大名や諸役人が御座之間で将軍に目見えを許された場合を除いて閉鎖された。これを上《かみ》の錠口《じょうぐち》といい、この錠口の開閉は奥向役人である将軍側近の小納戸《こなんど》が管理していた。これとは別に、老中や若年寄の御用部屋《ごようべや》に隣接した時計之間《とけいのま》には奥坊主《おくぼうず》が常駐し、表向の役人が奥向に入らないように錠口を見張り、夜は閉鎖された。これを口向《くちむき》という。表向の役人と奥向の役人とが相談しなければならない場合には、口向の敷居の外と内に座って面談しなければならないほどで、双方の出入は厳格な取り締まりの監視下に置かれていた。

奥（中奥）の境界

江戸城の錠口といえば、将軍が大奥へ入る際の「御鈴廊下《おすずろうか》」を思い起こす方も多いだろう。確かにここも錠口であり、大奥側には錠口という役名の女中がいて、常に出入りを監視していた。これに加えて、右に述べたように表向と奥（中奥）の間にも二つの錠口があり、厳格な境界が設けられていたことに注意を促したい。つまり、奥（中奥）からみると、表向と大奥とが、ともに錠口を境に厳格に分離されていたことになる。大奥だけが奥（中奥）や表向から隔離されていたわけではないのである。

しかし、従来は女の世界である大奥だけが男の世界から隔離されていたと理解する傾向にあった。そのため、男が将軍に仕える奥（中奥）は表向と理解されてきたのだが、男であっても表向の役人は奥（中奥）に入れなかったのである。この男の世界を二つに分断する基準こそが、表向と奥向の違いだった。つまり、奥（中奥）は奥向にあり、表向を分離させていたのである。なお、奥（中奥）が奥向であることは、将軍御座之間の近くに詰所がある側衆が、「奥向役人の長」と呼ばれたことの一例を示せば十分だろう。

よって、江戸城の奥向は、将軍が日中を過ごす御座之間や老中・若年寄の御用部屋（執務室）のある奥（中奥）と将軍家の後宮として運営された大奥によって構成される。つまり、奥（中奥）は表向ではなく、奥向なのであり、奥向の中がジェンダー（性差）により奥（中奥）＝男の世界と大奥＝女の世界に分けられていたのである。

奥（中奥）の両義性

では、なぜ奥（中奥）は表向にあると考えられてきたのだろうか。実は、そのような誤認を引き起こさせる十分な理由があった。表向からみれば奥と大奥は明らかに奥向なのだが、大奥からみれば奥は表側にあり、奥を「表」、表向を「大表《おおおもて》」と理解し、表記する場面があったからである。よって、史料上に「表」とある空間が表向であるとは限らず、大奥からみて表側にある奥（中奥）や大奥玄関付近で男性役人のいる広敷向を指して「表」と表記する場合があったことなどに注意せねばならない。言い換えれば、その場所からみてどの方向にあるかによって、同じ空間を表といったり、奥といったりするのであり、表と奥の関係は流動的に変化する。奥御殿の表方にある奥（中奥）は、表向（表御殿）からみれば奥の方向にあるが、奥御殿の奥方にある大奥からみると表の方向、すなわち表方にあるという、空間の両義性に注意を払ってこなかったことが大奥研究に混乱を招いた原因だったのである。

そこで、本書では、大奥から表の方向をみる眼差しの変更を大きく迫りたい。大奥は男の世界である表向とは分離した奥向の中にあるが、奥向の中にも男の世界があり、奥向は男の世界＝奥（中奥）と女の世界＝大奥に区分されていたという観点から捉え直すのである。そうすれば、女と男の協業によって運営された奥向の中にある大奥のあり方を問う、という視野が大きく開かれることになる。

本書での用語

右のような観点から、奥（中奥）が奥向であることを意識化するために、筆者はこれまで奥（中奥）を奥向表方、大奥を奥向奥方と概念化し、厳密な議論をするように心がけてきた。ただし、本書は一般の方へのわかりやすさを考え、以下では奥向表方を奥、奥向奥方を大奥として叙述を進める。そのうえで繰り返し注意を促したいのは、大奥を理解するためには、奥は奥向の中にある、という視点が不可欠だということである。

このほか、本書での用語につき、あらかじめ解説しておきたい。

男人禁制

大奥では男女の出入りが管理され、とくに男性が大奥の広敷向に設置された錠口から奥方に入ることが禁じられたところに大きな特性がある。よって、この特性を「男人《なんにん》禁制」と呼ぶことにする。一般には「男子《だんし》禁制」が用いられるが、これを採用しない理由は、江戸城大奥には九歳以下の男子が入れたことにある。つまり、幼少男子ではなく、成人男性という意図を明確にするために「男人」とし、女人《にょにん》禁制と対比させたい。

御台所

御台所《みだいどころ》とは御台盤所《みだいばんどころ》の略称で、将軍の妻の尊称として用いられた。しかし、現在でも料理をする空間を台所と呼ぶように、台所が意味するところは一様ではない。しかも、近世初期の奥方法度では大奥のことを台所と呼んだふしがあり、混乱が生じやすい。そこで、将軍妻の「御台所」を指す場合は「御台《みだい》」、大奥全般を指す場合は「台所《だいどころ》（大奥）」、広敷向の玄関を入ってすぐの部屋を「広敷台所」、広敷向の玄関を入って左側に位置し、奥方の食事を準備する御膳方の台所を「大奥台所」と書き分けることにする。

留守居年寄

江戸時代の政治史において、近年、研究が深められた役職として、幕藩関係における交渉役として活躍した大名家の留守居役《るすいやく》がある。山本博文『御留守居役の日記』や笠谷和比古『江戸御留守居役』などの優れた著作があり、留守居役の行動が活写されている。

一方、幕府役職においても、留守居役が置かれていた。「大奥・御広敷・御女中方、惣じて御守殿向の事、一切これを司る」（『柳営勤役録《りゅうえいきんやくろく》』）と説明されたように、大奥の職制上に占める留守居の役割は大きい。初期には「御留守居年寄」と称され、中期以降は単に「御留守居」と記されることが多くなるが、中期に「奥年寄《おくどしより》」と呼んだ例もある。幕府側の記録上で大名家の留守居と書き分ける際には、幕府留守居役には敬称の「御」を付けて

「御留守居」、大名側の留守居は単に「留守居」と記された。ただし、その概念化にあたり、敬称差で表記を分けることを学術上では避けたいので、本書では幕府の留守居役を「留守居年寄」、大名家の留守居役を単に「留守居」として書き分けることにしたい。

大奥老女

明治末から昭和前期にかけて江戸風俗史で多くの業績を残した三田村鳶魚《みたむらえんぎょ》が著した『御殿女中《ごてんじょちゅう》』は、大奥研究に不可欠の文献の一つである。その中で、幕末に天璋院《てんしょういん》（十三代将軍家定《いえさだ》の妻）付中﨟《ちゅうろう》を勤めた大岡ませ子（村井ませ）の回想が載せられており、「大奥には老女というものはありません。御年寄《おとしより》が一番重い人です」と断言している。確かに史料上で大奥女中の最高職を「御年寄」と表記した例は多いが、「御年寄」のことを「老女」と書いた史料は多数あり、敬称の「御」を取って単に「年寄」と書いたものもある。ませ子が奉公した幕末は「御年寄」の呼び方が主流だったのかもしれないが、江戸期を通じてのことではなかったと限定を付けるべきだろう。つまり、年寄と老女は同義であり、両様で呼ばれていた。大名家側では、「御城《おしろ》女中」「本丸女中」などと呼ぶことも多い。

そこで、将軍権力構造のトップの役職である老中と対比させるならば、将軍家後宮女中のトップの役職を老女とした方が理解しやすいので、本書では大奥老女と表記することにし、文脈から大奥老女であることがわかる場合には単に老女と記すことにする。

以上を踏まえつつ、プロローグで述べたように、本書は江戸時代を通して十四度以上にわたって発令された大奥法度（奥方法度・女中法度）を読み解いて大奥の変遷を見通し、俗説的な視線で語られることが多い「大奥」像を大きく改めることを目指すものである。

成立期の大奥

駿府城の炎上

慶長十二年（一六〇七）十二月二十二日。徳川家康《とくがわいえやす》の居城駿府城《すんぷじょう》が全焼した。世嗣秀忠《ひでただ》に将軍職と江戸城を譲り、大御所《おおごしょ》と称されていた家康が、新造なった駿府城に移り住んだのは同年七月三日のことである。つまり、在住わずか五か月での炎上となった。幸いに、家康とその家族たちは難を逃れて無事だったが、そのことが原因で、ある処罰事件を引き起こすことになった。

昨日、駿府　御城中出火の節、右兵衛督《うひょうえのかみ》様御附の　輩《ともがら》の内、御裏御門より入り、御亀御方御披きの節、御介抱申し上げ、幷《ならび》に御道具・女中などまで、つつがなく引退かせ候につき、右兵衛督様より御褒美下さる、しかれども、御法に背き候につき、大御所様より改易《かいえき》仰せ付けらるる。

家康九男の徳川義直《とくがわよしなお》（「右兵衛督様」）付の者が、裏門より入って義直生母の亀（「御亀御方」）を介抱し、道具や女中たちとともに無事に退出させた。当然、母の命の恩人に対して、子の義直からは褒美が与えられたが、大御所家康からは「御法」に違反したとして、召し放ち（改易）を命じられたという。一見して笑い話のようだが、義直の事績をまとめた年代記である『源敬様御代御記録』にわざわざ記されているほどなので、本当に起きた悲劇的、かつ、人びとの記憶に強く残る事件だったのだろう。別の記録によれば、処罰者は一人ではなく、二十一人だったともいう。

男人禁制の大奥

では、彼らの罪は何だったのか。それはいうまでもなく、男性が入ることを禁じられた奥方の空間に、主人たる家康に無断で入ったことにあった。火事という生死を分ける緊急事態であっても、男人禁制は厳格に遵守するべき「御法」だったのである。この事件からは、男人禁制たる大奥の原型が、すでに慶長期の駿府城に成立していたことがわかる。とすれば、将軍秀忠の居城——江戸城——にも、同様の「御法」によって、男人禁制たる大奥の原型ができていたとみなしても大きな間違いではないだろう。

ただし、ここでいう「御法」とは、集団維持の必要から取り決められた慣習法の段階にあった。これを徳川将軍家で法制として明文化するのは、元和四年（一六一八）の奥方法度が最初であり、以後、元和九年・万治二年（一六五九）・貞享元年（一六八四）・享保元年（一七一六）・同六年の計五回の改定を経て整えられていった。

初期の江戸城大奥

徳川家康は天正十八年（一五九〇）の小田原の陣後に関東八か国を与えられ、江戸に本拠を置いた。後北条氏の家臣遠山氏の居城であった江戸城が、石垣すらない貧弱な城であったことはよく知られている。家康は江戸城の修築普請を徐々に進め、文禄元年（一五九二）三月から八月にかけては西の丸を増設していった。

ただし、この頃の家康が江戸城にいることは少なかった。豊臣秀吉《とよとみのひでよし》の生存中は、ほとんど上方《かみがた》（京都を中心とした地域）で過ごしていた（藤井讓治『徳川家康』）。慶長五年（一六〇〇）の関ヶ原合戦での勝利により、家康が実質的な天下人となったのちも、しばらくは伏見城《ふしみじよう》を居所としていた。のちに徳川三家（尾張・紀伊・水戸）を創出する義直（慶長五年十一月誕生）は大坂城西の丸で生まれたが、頼宣《よりのぶ》（同七年三月誕生）・頼房《よりふさ》（同八年八月誕生）はいずれも伏見城に生まれており、家康に仕える女性たちの多くも伏見城に置かれていた。

慶長八年に家康が征夷大将軍に任じられると、家康は上方を離れて江戸に下る回数が増えるようになる。とくに同年三月からは諸大名に江戸城普請の助役を命じ、大規模な海岸埋め立て工事を開始し、江戸市街を拡張させた。こうした江戸城の普請は、慶長十九年まで断続的に実施された。その間の慶長十一年には、本丸の建造物と二の丸・三の丸、および江戸城の北側の雉子橋《きじばし》から西南の溜池《ためいけ》落し口にいたる外郭の石垣を構築させ、九月二十三日には前年に新将軍となっていた秀忠が本丸に移り、家康は西の丸に入った。

慶長十二年に家康が駿府城を建造してからは、家康の本拠地は駿府城となり、同城の大奥に女性たちも集められた。その様子はほとんどつかめないが、駿府城火事の際には「女房衆」が私的に蓄えていた金銀が焼失した。その子細は、飯田阿茶《いいだあちゃ》が金三十枚、志水亀《しみずかめ》（徳川義直の生母）が金千五百枚、そのほか、永見《ながみ》ちゃあ（結城秀康《ゆうきひでやす》の生母）・蔭山万《かげやままん》（徳川頼宣・同頼房の生母）は五百枚、三百枚ともいい、そのうち、万の金六十枚は火事の際に盗まれたと伝わる（『当代記《とうだいき》』）。

鷹狩りへの同行

家康は鷹狩りを好んだことで知られる。宿泊を伴う時は、女中を同行させた。八代将軍吉宗《よしむね》に重用された儒学者の荻生徂徠《おぎゅうそらい》が、享保十一年（一七二六）頃に書いた『政談《せいだん》』には、次のようにある。

東照宮（家康）の御目掛《おめかけ》七人衆とてあり。駿府より毎年御鷹野《たかの》に東金《とうがね》へ御成《おなり》の時、七人衆も御供なり。女一人も連れられず、馬にて御供なる故、江戸にしばらく御滞留の内は、某《それがし》が曽祖母のもとへ下女をかりに来り、借して遣わす。曽祖母も折々七人衆の部屋へ行き、泊りなどして、東照宮をもみたてまつると、父また祖母の物語にて承《うけたまわ》る。この七人衆と申すは、三家の御方々の御袋様にて、重き御方なれども、その御代はかくの如くの事也。

徂徠の父がその祖母から聞いた話という。家康の女中七人衆は駿府より江戸近郊東金（千葉県東金市）に鷹野の同行を馬上でしたので、下女を連れて行けなかった。そこで、江戸に滞在中は徂徠の曽祖母の女中を借りて間に合わせていた。その七人衆の中には、徳川三家（尾張・紀伊・水戸）の生母がおり、当時はそのような重い立場の女性たちでも鷹狩りに同行できたと説明する。

享保十二年に兵法家《へいほうか》の大道寺友山《だいどうじゆうざん》が書いたとされる『落穂集《おちぼしゆう》』にも、同様の話がある。家康は、女中衆六、七人ほどずつを定めて供をさせ、その内、乗物（駕籠《かご》）で供をする女中は一、二人ずつであった。馬乗で行く者は茜染《あかねぞめ》の木綿布団《もめんぶとん》などを敷き、市女笠《いちめがさ》の下に覆面《ふくめん》をして顔を隠して供をしたが、こうしたことは家光《いえみつ》の代にはなくなったという。つまり、他人の眼に晒される馬上の女たちは顔を隠し、身分の高い者は駕籠で姿を隠す必要があったという制約付ではあるが、鷹狩りに同行する外出が許されていたのである。

また、友山は大名家の女中について、次のように証言する。

以前は御三家方をはじめ、仙台中納言殿（伊達政宗《だてまさむね》、寛永十三年〈一六三六〉没）・薩摩中納言殿（島津《しまづ》家久《いえひさ》、同十五年没）にても、年寄たる女中は表向へも立ち出て、「徘徊」していた。私が若年の節、松平安芸守《あきのかみ》殿（浅野《あさの》光晟《みつあきら》、同十六年没）の所で将軍から拝領した御鷹の鶴の抜き振廻があった。小松中納言殿（前田《まえだ》利常《としつね》、万治元年〈一六五八〉没）が勝手向におられ、そこから表向の書院へ出られた際に、年寄女中二人のうち、一人が御刀を持って中納言殿の供として付き添って出てきたのを私も直接見たことがある。しかし、この七十年ばかりは、右のようなことは全く承知しないことである。

要するに、徳川三家（尾張・紀伊・水戸）や国持《くにもち》大名家（伊達・島津・浅野）といった上級武家の家であっても、十七世紀前半にはまだ年老の女中が表向に出てきて、歩き回る（「徘徊」）ことがあった。しかし、七十年ぐらい前からこうしたことはなくなり、実際に友山もみたことはないという。この証言からは、十七世紀前半に、女は奥向の空間からは出ないものとする規範が広く武家秩序に定着していく過程があったという時代の変化を読み取ることができる。

駿府城から江戸城へ

家康が元和二年（一六一六）四月に駿府城で死去すると、家康の別妻たちは駿府から江戸に下ってきた。近世初期には、いまだ一夫一妻の婚姻形態を原則としていなかったため、有力武将に本妻とは別に複数の妻がいることも稀ではなく、これを別妻と称した。一夫一妻の婚姻形態が定着し、近世中期以降に妻妾制が整う段階になると、身分は妾でありながらも実質的には別妻である女性たちを「御部屋」「側室」などと呼ぶようになっていく。家康の本妻は、築山《つきやま》（関口氏）や豊臣秀吉の妹の旭《あさひ》が知られているが、このほかにも多くの別妻がいた。

その家康の別妻たちの江戸下向について、家康のもとで寺社政策や外交政策を担い、黒衣《こくえ》の宰相《さいしょう》として活躍した金地院崇伝《こんちいんすうでん》の日記（『本光国師日記《ほんこうこくしにっき》』）元和二年八月十日条には、次のようにある。

駿府より御越候女中様方の御屋敷作事、近日相始まり申す由に候、右の御衆の屋敷は安対州（安藤重信）裏など、爰元《ここもと》にて神田の屋敷普請、かれこれ御取籠《とりこみ》の躰《てい》に相見へ申し候、

「女中」に尊称の「様」がついているので、これは女の使用人のことではなく、妻のことを指す表現である。安対州とは、秀忠付老中の安藤対馬守《つしまのかみ》重信のことであり、「慶長十三年江戸図」によれば、その屋敷は北の丸にあった。その裏手に、駿府から下ってきた家康の妻たちの屋敷作事が始まる予定と伝えている。寛永期（一六二四〜四四）の「武州豊嶋《としま》郡江戸庄図」によれば、北の丸にある安藤右京屋敷の裏手には「一位様《いちいさま》」や「栄松院様《えいしょういんさま》」の屋敷地が描かれている（図４）。

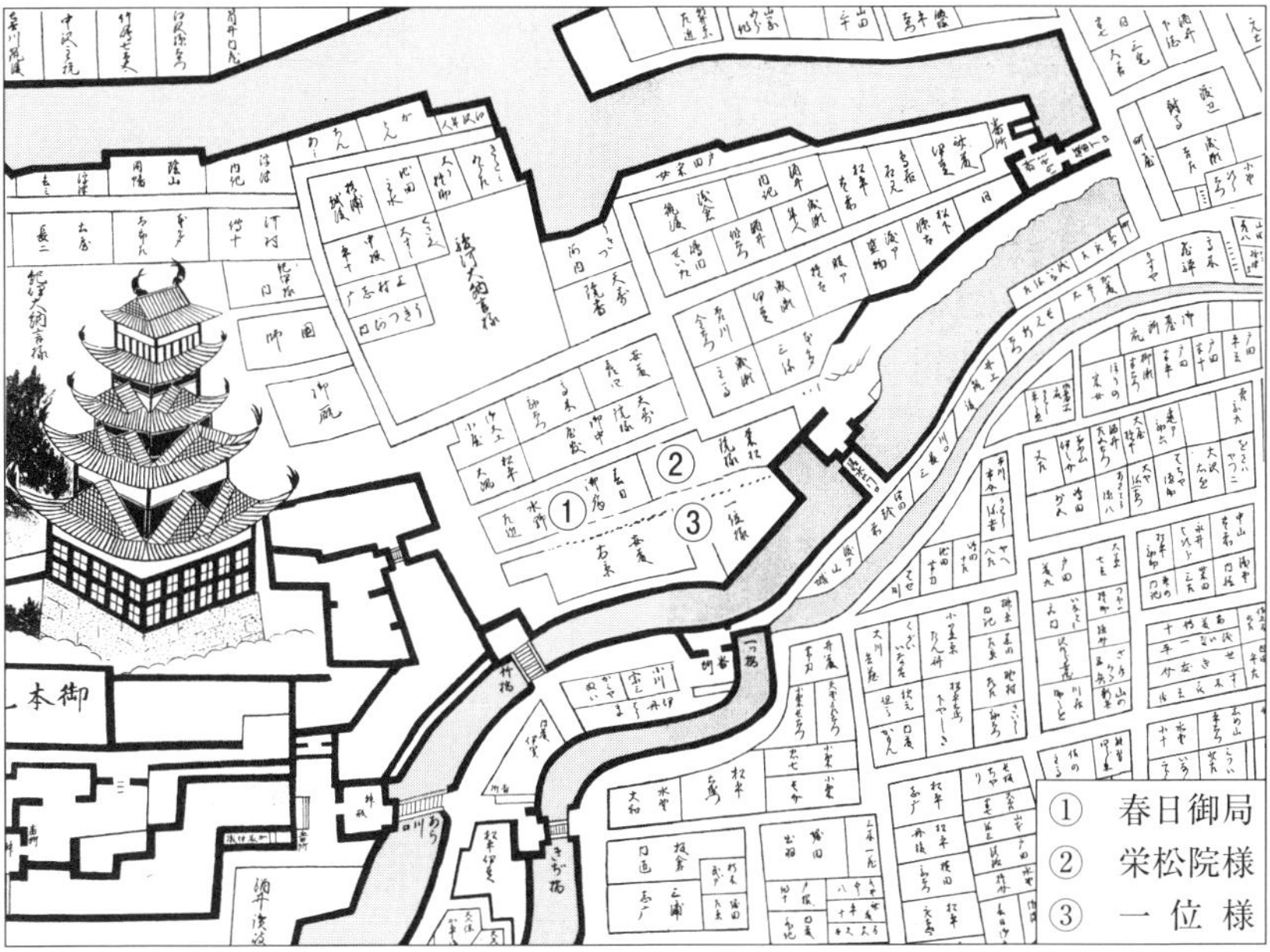

図４　「武州豊嶋郡江戸庄図」に描かれた屋敷地

一位雲光院（飯田阿茶）

「一位様」とは、家康の死後に落飾《らくしょく》して雲光院《うんこういん》を称した飯田阿茶のことである。神尾《かんお》忠重の妻となり、嫡子守世をもうけ、夫の死後に家康に仕えるようになった。阿茶は家康との間に子には恵まれなかったが、別妻の地位にあった。そのことは、三宝院《さんぼういん》義演《ぎえん》の日記に「将軍御台御阿ちや」と記されたところに明らかである（『義演准后日記《ぎえんじゆごうにっき》』慶長九年六月十日条）。「御台《みだい》」とは御台所の略で、将軍の妻に対する尊称として用いられたから、阿茶が家康の別妻であったことが判明する。

慶長十六年（一五八八）には、家康が大坂城の豊臣秀頼《とよとみのひでより》を二条城に招いて会見した。その際に秀頼から進物を贈られた「御上臈衆《ごじょうろうしゅう》」は、志水亀・飯田阿茶・太田勝の順で各三十枚ずつとなっている。志水亀は家康九男義直（尾張徳川家の初代）の生母であり、これも家康別妻の一人である。その亀に続いて阿茶の名があることから、阿茶は別妻の中でも高い地位にあったことがわかる。大坂の陣の際には、阿茶は大坂城に乗り込み、豊臣側との和議の交渉にあたった。家康にとって阿茶は、妻であるとともに、政治上の良きパートナーでもあった。

家康の死後は江戸に下り、竹橋門《たけばしもん》内の北の丸に広大な敷地を与えられて居住し、本丸大奥に登城して女中筆頭に位置する老女のような役割を果たした。元和六年（一六二〇）に秀忠の五女和《かず》が後水尾帝《ごみのおてい》に入輿《じゅよ》する際には「母代《ははしろ》」として同行し、従《じゅ》一位に叙せられた。

そのため、以後は「一位局《いちいのつぼね》」「一位殿」などと称された。雲光院は寛永十四年（一六三七）正月二十二日に八十三歳で没するまで、江戸城大奥の重鎮であった。

英勝院（太田勝）

英勝院《えいしょういん》（栄正院・栄松院）も、飯田阿茶と同じく家康の別妻の一人である。太田康資《おおたやすすけ》の娘で、名を八《はち》、のちに梶《かじ》・勝《かち》と改めた。家康との間には娘の市《いち》が生まれたが、四歳で早世したため、家康は十一男鶴《つる》（のちの水戸徳川頼房）を英勝院の養子とした。家康が英勝院の妻としての立場を尊重していたことが、この一例からもよくわかる。

英勝院も家康の死後は江戸に下り、北の丸代官町に屋敷を与えられた。雲光院に続いて名が記されることが多く、やはり大奥の重鎮の一人であった。三代将軍家光からは母のように慕われ、四代将軍となる家綱《いえつな》が誕生した際は、その生母の増山楽《ましやまらく》の後見的な存在でもあった。雲光院の没後は、その跡役を英勝院が引き継ぎ、春日局《かすがのつぼね》（家光乳《ち》の人《ひと》・稲葉福）と連携して江戸城大奥の運営にあたった。たとえば、寛永十四年（一六三七）十二月に阿《あ》波《わ》蜂須賀《はちすか》家で歳暮の進物を贈った先は、「公方様《くぼう》（家光）・御姫様（家光長女千代）・天寿院様（秀忠長女千）・永松院殿（太田勝）・春日殿」の順であり、英勝院は春日局より上位に位置づけられていた（蜂須賀家文書「端午重陽歳暮之帳《たんごちょうようせいぼのちょう》」）。

英勝院は春日より一歳上という年齢の近さもあり、その関係は特別に親しい間柄にあった（「事之外御心安候《ことのほかおこころやすくそうろう》」）。その英勝院は寛永十九年五月二十三日に没し、春日もその翌二十年九月十四日に相次いで没した。享年はともに六十五であった（福田千鶴『春日局』）。

初期の女中構成

家康や秀忠の時期の大奥の女中たちが、どのような職制にあったのかを知る史料は管見の限り確認できない。そこで、毛利秀就《もうりひでなり》（長門萩）に嫁いだ徳川みつ（松平喜佐、家康次男結城松平秀康の娘）の女中たちの構成を検討してみたい（『毛利三代実録考証《もうりさんだいじつろくこうしょう》』）。みつは将軍秀忠の養女として嫁いでおり、その女中の職制は大奥に近いと考えられる。

慶長十三年（一六〇八）六月十六日に、みつは越前《えちぜん》北の庄を発ち、江戸に下った。夫となる秀就は、慶長五年の関ヶ原合戦で父毛利輝元《てるもと》が敗者となったことにより、以後はずっと江戸で暮らしていた。いわば人質だったわけだが、みつとの縁組により徳川将軍家との関係改善が図られた。祝言は七月十七日にあり、これを具体的に差配したのは、家康別妻の飯田阿茶（雲光院）と秀忠付老中の本多正信《ほんだまさのぶ》であった。

みつに付けられた女中は、表1の通りである。上臈《じょうろう》（お糸の方）・局《つぼね》・介添《かいぞえ》・中老頭《がしら》・若女房五人・小姓《こしょう》五人・末《すえ》二人・中居《なかい》二人・半下《はした》五人となっており、上臈から末まではそれぞれの部屋子（使用人）が附属した。このほか、ぢい・台所人二人・中間《ちゅうげん》・下男《しもおとこ》を合わせ、男女八十八人の構成となっている。

表1　慶長13年（1608）女中構造と給与

	役　職	部屋子	人　　名	給　与
1	上臈	5人	お糸の方	50石
2	御局	5人	局	50石
3	御介添	4人	おあこ	白銀13枚
4	御中臈頭	4人	おたけ	同7枚
5	若女房	3人	新宰相	同6枚
6	若女房	3人	およめ	同6枚
7	若女房	3人	おまん	同5枚
8	若女房	3人	おかう	同5枚
9	若女房	3人	おなみ	同4枚
10	御小姓	2人	おこま	同4枚
11	御小姓	2人	おみつ	同4枚
12	御小姓	2人	おきち	同4枚
13	御小姓	2人	こちや	同4枚
14	御小姓	2人	きく	同3枚
15	御末	2人	きわ	同3枚
16	御末	2人	ふじつぼ	同3枚
17	御中居2人	—	あいちや・みや	同3枚×2
18	御半下5人	—	ちま・さい・いと・つる・あおやぎ	百目×5

（出典）『毛利三代実録考証』『毛利氏四代実録考証論断』より作成.

22	御広座敷	8	0	3	0	0
23	御三の間	10	5	9	6	2
24	御末頭	3	1	2	0	0
25	使番の頭	1	0	0	0	0
26	御中居	6	3	4	5	3
27	御中居格使番	1	0	0	0	0
28	火の番	20	5	8	0	0
29	火の番格使番	1	0	0	0	0
30	御茶の間	0	2	3	1	0
31	使番	12	2	6	3	3
32	御半下	17	10	15	13	11
	計385	132	67	91	56	39

（出典）『徳川礼典録』下巻より作成.
（註）役職は史料上の表記通りとした.

表2　幕末大奥女中構造

	役　職	家茂付	和宮付	天璋院付	本寿院付	実成院付
1	上臈年寄	1	0	1	0	0
2	小上臈	0	3	1	1	1
3	御年寄	2	3	3	3	3
4	御客応答	2	0	0	0	0
5	御客応答格	3	0	0	0	0
6	中年寄	0	2	2	3	3
7	御中臈頭	0	0	3	0	0
8	御中臈	5	12	8	7	6
9	御錠口	4	0	0	0	0
10	御小姓	0	3	1	0	0
11	表使	4	2	3	3	2
12	御祐筆頭	1	0	0	0	0
13	御次頭	1	0	0	0	0
14	御祐筆	5	2	4	3	2
15	御錠口介	3	0	0	0	0
16	御次	9	7	8	6	1
17	切手書	2	0	0	0	0
18	呉服の間頭	1	1	1	0	0
19	三の間頭	1	0	0	0	0
20	御伽坊主	3	0	0	0	0
21	呉服の間	6	4	6	2	2

公家《くげ》風の上級女中（上﨟・局・介添）が付けられ、役女系列としては中老頭が筆頭におり、これが若女房を統括するのだろう。小姓は日常的な側廻《そばまわ》りを担当する側系列の女中である。下女系列では、末・中居・半下という基本構造が確認できる。

十月には飯田阿茶と本多正信から、みつの従者への給与（切扶《きりふ》）の書立《かきたて》が毛利家に届けられた。それをみると、上﨟と局は同額の切米《きりまい》五十石という高額給与であり、四斗俵《よんとだわら》にして百二十五俵《ひょう》となる。また、以下の女中は白銀《しろがね》で支給されている（『毛利氏四代実録考証論断』）。

江戸も中後期になると、将軍姫君の入輿に際して幕府から出向した男性役人や女中に対する給与は将軍家から支払われるようになるが、近世初期の段階では養家の徳川家、実家の越前松平（結城）家、婚家の毛利家のいずれが支払ったのかを判断するのは難しい。

御付《おつき》の男性役人の履歴をみると、裏老《うらろう》（「御裡《おうら》年寄」）を担当した黒沢源左衛門秀位は、次のような由緒を伝えている。なお、豊臣期に清華《せいが》の家格（公卿の家格の一つで、摂家《せっけ》の次、大臣家《だいじんけ》の上に位置する）を得た毛利家では、その家格に添って奥方を裏方《うらかた》、男性の奥家老役を裏老《うらろう》と称する特徴がある。

一、慶長十五年（三ヵ）龍昌院様（徳川みつ）御輿入の時、権現様（徳川家康）より御指図、台徳院様（徳川秀忠）召出され、知行高千石下され、御裡（裏）年寄役として御付成さる、すなわち、家康の指図で秀忠から召し出されて知行千石の旗本となり、みつの裏老を担当したという。その意味では、給与は幕府から支払われている。しかし、毛利家からの給与がなかったとはいいきれない。そのほかの男性家臣の由緒では、いずれも越前で奉公していたとし、以後は毛利家の直臣《じきしん》の扱いとなった。女中たちも、徳川家から付けられたか、越前から付いてきたかで判断が分かれるが、毛利家に給与書立てが渡されたことからすれば、毛利家側で支払われた可能性もある。

右のような不明な点を多く残すにせよ、女中構造の基本形がすでにできているとわかる。江戸時代を通じてこれら各階層の細分化が進み、幕末までには三十二の職階が設けられるようになる（表2）。

二代将軍秀忠と大奥

江戸城西の丸から本丸へ

二代将軍となる徳川秀忠は、文禄四年（一五九五）九月十七日に伏見において、豊臣秀吉の養女江《ごう》（実は浅井長政《あざいながまさ》と織田市《おだいち》の三女）と結婚した。慶長二年（一五九七）五月には、長女の千《せん》が伏見で生まれた。翌三年八月に秀吉が没すると、政変が起きることを懸念した秀忠は、妻子を伏見に残したまま急ぎ江戸に下った。伏見に残されていた江は、慶長四年十二月に娘の千とともに江戸に下った。ただし、この頃はまだ本丸は家康の居所であったため、秀忠・江夫妻は世嗣《せいし》の住まいである西の丸で暮らすことになった。その後、秀忠は慶長十年に将軍宣下《しょうぐんせんげ》のために江戸から上京したが、それ以外は家康を見舞うために江戸から駿府に上る程度であり、慶長十九年から始まる大坂冬の陣までは江戸やその近郊で過ごした（福田千鶴『徳川秀忠』）。

慶長十年に秀忠が将軍になると、江戸城は将軍秀忠の居城となり、翌十一年九月二十三日に秀忠・江夫妻は西の丸より本丸に住居を移した。こうして、江戸城本丸における大奥の制度が本格的に始動することになった。

とはいえ、この頃の江戸城の様子を伝える文献はほとんどない。二次的な文献ながら『落穂集《おちほしゅう》』に、秀忠次男家光《いえみつ》と三男忠長《ただなが》の部屋が向き合って設置されていたことがわずかに記されるくらいである。この部屋には若君《わかぎみ》の夜詰《よづめ》として近習《きんじゅう》が出仕することになっていたが、忠長の部屋は母の江より種々の夜食を潤沢に準備するので、毎夜賑やかなことであった。一方、家光に対しては時折だったので、「徒然《とぜん》（することがなく退屈なこと）」であり、家光の御伽《おとぎ》には秀忠の小姓から書院番となっていた永井長清《ながいながきよ》（家光期に若年寄）が出仕する程度だった。

同様に、家康の小姓から秀忠付となり、書院番となっていた太田資宗《すけむね》（家光期の若年寄、英勝院の甥）も永井と二人で伺候《しこう》した。家光の部屋に行くためには、秀忠の「御座之間」の庭より「御台様（江）」の御殿の脇を通らなければならなかったため、二人は日が暮れて間もない宵の内に人目を忍んで行き、栗石の上に鼻紙を敷いて足音が立たないように工夫していたという。

江が生存中の江戸城大奥の様子を伝える絵図は確認できない。最古の大奥絵図としては、寛永十四年（一六三七）に描かれた「丑ノ年御本丸御奥方御指図《さしず》」（森川家文書）が伝来する。これは、秀忠の老中を勤め、その死に際して殉死《じゅんし》した森川重俊《もりかわしげとし》の家に伝わる絵図であり、寛永十四年閏三月五日に生まれた家光長女千代《ちよ》の部屋を増設する際に作られた指図ではないかと考えられている（藤田英昭「「森川家文書」所収の江戸城「御本丸御奥方御絵図」について」）。

最古の大奥絵図

それゆえ、寛永三年に没した江の時代の間取りからは多少の変更はあるだろうが、基本的な構造は継承されていると考えて各部屋を推定してみたい（図5）。Aは将軍が大奥に入った際の休息所であり、将軍の「御座之間」とはこれを指すのだろう。そこを北側に向けてBの御殿の脇を通り抜けると、Cの部屋に到着する。そのCと同規模の部屋Dが対面にある。よって、Bが江の御殿、Cが家光、Dが忠長の部屋であったと考えれば、『落穂集』や太田資宗の話とも合致した理解が得られる。

また、全体としては長局（①）が西側に設けられるなど、後期の大奥図とは異なるところもあるが、将軍が休息し、将軍の妻や家族が生活する御殿向（A～E）、女中たちが役務を勤める役務向（⑦⑧⑫～⑮）、女中たちの住居である長局向（①～⑦⑪）、男性の役人が勤番する広敷向（⑨⑩）という基本構成が確認できる。

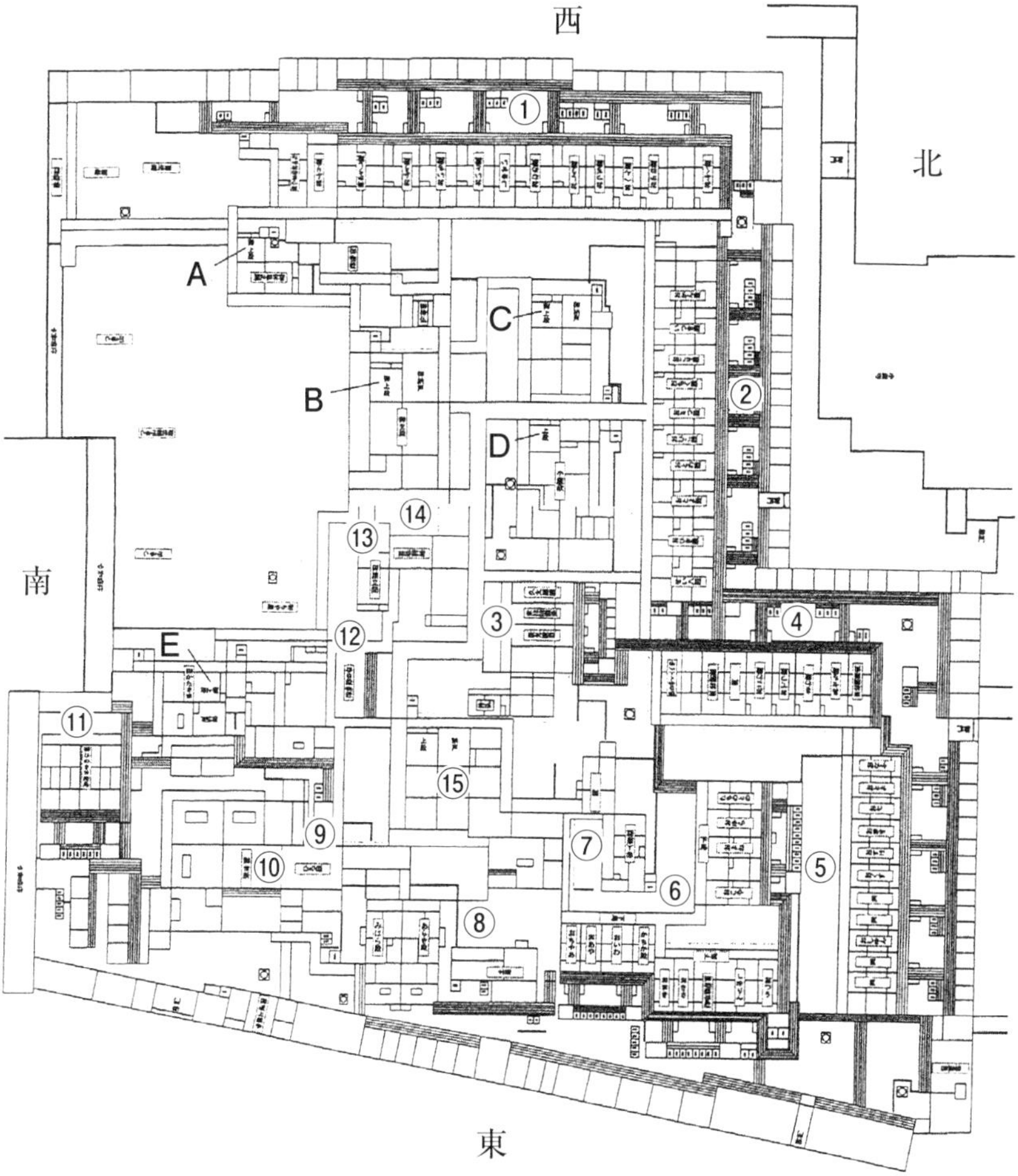

図５　「丑ノ年御本丸御奥方御指図」に描かれた江戸城大奥

（出典）「森川家文書」ア246より作成（作成：佐藤賢一）．藤田英昭「『森川家文書』所収の江戸城『御本丸御奥方御絵図』について」『千葉県の文書館』18号，2013年3月より転載．一部千葉県図書館菜の花ライブラリー森川家文書により修正，アルファベット，数字は筆者補．

二代将軍秀忠の次男家光は、元和三年（一六一七）十一月二十一日に本丸大奥を出て西の丸へ移った。この西の丸移徙《わたまし》は、家光の立場を内外に示すうえで重要な意味があった。ここに晴れて家光は、将軍世嗣としての確固たる地位を公認されたからである。

家光が西の丸に移ったあとの本丸では、将軍秀忠とその妻江、三男忠長、五女和《かず》（のちの東福門院《とうふくもんいん》）が暮らしていた。和は祖父家康がまだ存命であった慶長十九年（一六一四）に後水尾帝への入内《じゅだい》が決定していたが、さまざまな事情で延期し、元和六年にようやく江戸から京都に上り、婚儀となった。

元和四年の奥方法度

右のような状況の中で、江戸城本丸大奥では男女の出入りを法度《はっと》により厳しく制限するようになる。元和四年元旦には、奥方法度五か条が制定された（以下、元和四年令とする）。つまり、大奥への男女の出入りを制限する法の整備はここに始まったのであり、幕府瓦解の日を迎えるまでこの基本方針に変更が加えられることはなかった。

なお、プロローグでも注意を促したように、奥方法度は大奥の広敷向に勤番する男性役人に命じられた勤務規定である。言い換えれば、女中も遵守するべき法令であったにしても、厳密には女中に向けて出された法度ではない。後述するように、女中法度が命じられるのは、さらに時代を下って寛文十年（一六七〇）になってからとなる。

壁書《かべがき》

①一、奥方へ御普請や掃除以下、諸種の御用がある場合は、天野孫兵衛・成瀬喜右衛門・松田六郎左衛門を召し連れて入ること。

②一、御局《おつぼね》より奥へ男女の出入をさせてはならないこと。

③一、手判のない女は上下ともに出入をさせてはならず、晩景六つ時を過ぎれば門より外へ出入をさせてはならないこと。

④一、走入之女は、断り次第に返すこと。

⑤一、御台所の仕置《しおき》は、天野孫兵衛・成瀬喜右衛門・松田六郎左衛門が一日一夜ずつ交替で勤番し、諸事善悪の沙汰を命じること。もし、御下知を背き、不届きの族《やから》があれば、用捨なく言上すること。遠慮して言上しない場合は、三人を曲事《くせごと》とすること。

右条々御壁書件《くだん》のごとし。

元和四年正月朔日

広敷向の成立

元和四年（一六一六）令の出典は、秀忠の事績をまとめた「東武実録《とうぶじつろく》」である。「御奥方ノ御法度　仰出サル、御壁書」とあり、秀忠が命じた奥方法度として大奥内の壁に貼り出された。幕末にこれを引き継いだ法度が「御広敷御玄関御条目」と呼ばれているから、おそらく大奥広敷向の玄関に貼り出されていたのだろう。

元和四年令の中に「広敷」という用語はみえないが、元和四年には広敷ができ、伊賀者《いがもの》の年寄十二人の男に番が命じられた。また、のちに広敷番之頭に就任する榊原重勝は、元和七年に広敷添番《ひろしきそえばん》に就任したとしている。よって、元和四年に江戸城本丸大奥に男女の出入りを管理する下《した》の錠口が設置され、広敷向が整えられたことに伴い、本法度が制定されたと考えられる。

なお、添番と伊賀者の違いは格式差にあった。添番は由緒のある御家人が任命され、高百俵で上下《かみしも》着用にて勤務した。一方、伊賀国の郷士出身の由緒を持つ伊賀者は、三十俵から三十二俵の間で羽織・袴にて勤務する（図10。一七四頁）。しかし、勤める内容は添番とほとんど同じであり、与力―同心のような関係だった。広敷番之頭の支配下に置かれ、三番に分かれて交替で勤務した。職務は、錠口の管理、錠口から中に入る男から刀を預かる刀番、女中外出時の輿添、所々寺院の先番、非常口の封印改め（一九〇頁で後述）などを担当した。

多様な「御台所」

元和四年令の⑤には、「御台所」とある。これを将軍の妻の尊称である「御台所《みだいどころ》」と解釈した文献もあるが、そうならば敬称を付けて「御台様」と書くべきところだろう。奥方法度は広敷向の勤務規定なので広敷向を指す可能性もあるが、後述するように広敷向は「表《おもて》の御台所《おだいどころ》」と表現される。そこで、ここでいう「御台所」とは大奥全体を指している。

というのも、⑤は奥方法度の要《かなめ》となる条文であり、元和九年（一六二三）以降は第一条に置かれて定着する。また、「御台所」の表記は、万治二年（一六五九）以降の法度では〈奥方〉へと改められる。つまり、「御台所」と〈奥方〉は同義とわかるが、元和四年令の①に「奥方」とあり、同じ法令で「奥方」と「御台所」とが書き分けられている点からすれば、①の「奥方」は広敷向にある錠口から内側の空間（御殿向・役務向・長局向）を限定的に指し、⑤の「御台所」とは錠口の内側およびその外側の広敷向をも含めた大奥全体を指すと考えた方が整合的である。つまり、狭義の大奥を指す場合が「奥方」、広義の大奥を指す場合が「御台所」だったということになる。

ちなみに、大奥で台所と呼ばれた部屋は複数ある。たとえば、寛永十四年（一六三七）の「丑ノ年御本丸御奥方御指図」では、広敷門を入って玄関の土間《どま》を上がったすぐの部屋を「御台所」と表記している（図5の⑩）。宝永頃（一七〇四～一一）の大奥図とされる「江戸城御本丸御表御中奥御大奥総絵図」（原題は「御本丸御表方御奥方総絵図」、東京都立中央図書館蔵）は、寛永十四年図で「御台所」とあった所は「御広鋪」、そのすぐ左側（東側）に隣接した部屋を「御膳台所」、さらに左側に進んだ奥側にある部屋を「御台所」と表記している。ここは大奥の食事を作る奥台所頭《おくだいどころがしら》が管理する場所である。このように、台所が指す部屋は一様ではなく、「御台所」の理解を難しくしている。

そこで、「江戸城を構成する人びと」の節でも整理したように、以下では将軍妻の「御台所」を指す場合は御台、大奥全般を指す場合は台所（大奥）、広敷向の玄関を入ってすぐの部屋を広敷台所、広敷向の玄関を入って左側に位置し、奥方の食事を準備する部屋を大奥台所と書き分けることにする。

広敷番之頭の成立

元和四年（一六一八）令の①では、奥方へ普請・掃除以下の諸用がある場合は、天野孫兵衛・成瀬喜右衛門・松田六郎左衛門の三人が、その用事を勤める人物に同道するように定められた。明記はないが、御殿向や長局向といった錠口の内側にある奥方（狭義の大奥）に成人男性が自由に入ることを制限した男人禁制条項と理解できる。普請は大工・人足、掃除は下男《しもおとこ》が担当したので、奥方に入ることを許された男とはまず彼らであり、それを監視する添番や伊賀者も奥方に入った。①は、元和九年以降は②とまとめられて、第三条に置くことで定着する。

天野孫兵衛は、『寛政重修諸家譜《かんせいちょうしゅうしょかふ》』（以下、『寛政譜』と略称）では秀忠・家光に仕え、のち天守番《てんしゅばん》となり、明暦二年（一六五六）に没したとし、大奥との関連を伝えていない。成瀬喜右衛門（別本では喜左衛門）は詳細不明。松田六郎左衛門は諱《いみな》を定勝といい、北条氏に仕え、天正十八年（一五九〇）より家康に仕えた。関ヶ原合戦では秀忠に従い、鎗奉行。寛永二年（一六二五）上総《かずさ》国内で五百石。同九年鎗大将、同心十人を預けられ、布衣《ほい》を許され、同十年加増され千石、同十六年旗奉行《はたぶぎょう》に進み、正保二年（一六四五）に没した（『寛政譜』）。やはり、大奥との関連は履歴からは不明である。

天野以下の三人は⑤にも名がみえ、台所（大奥）の仕置を担当し、一日一夜ずつ勤番し、諸事の差配を義務づけられ、将軍の命令（「御下知」）に背く不届き者がいれば、容赦せずに言上すべき、とあるので、目付のような監察役を担っていた。この条項は、元和九年以降は第一条に置かれ、万治二年（一六五九）以降の奥方法度からは、広敷番之頭十人から留守居年寄四人に言上し、留守居年寄が不在の場合は留守居番に相談するようにと整えられる。よって天野以下三人は、のちの広敷番之頭に相当する立場にあったと考えられる。

宿泊部屋の明記はないが、広敷向玄関の右側に位置し、錠口の出入りを監視した番之頭部屋だろう。というのも、宝永頃（一七〇四～一一）の大奥図では汐《しお》（塩）見坂門《みざかもん》と切手門の間の空間に留守居年寄の部屋と汐見坂門を守る番人の詰所である大番所が確認できるが、広敷番之頭の部屋は確認できないし、以後の絵図でも同様だからである。なお、天野たちが不届き者を言上するのは、のちの留守居年寄に相当する酒井忠利らであった。

②にある「御局」とは、男女の出入りが禁止されていることから、錠口の内側にある長局向を指すとみられる。なお、「局《つぼね》」は乳母あがりの上級女中を指す場合や女中が各自の

部屋で使用人として使う部屋子を「局」と呼ぶ場合もあるので、文脈から読み分ける必要がある。

門の出入り制限と走り込み

元和四年（一六一八）令の③では、「手判」のない女の出入りを禁止し、晩景六つ（午後六時頃）を過ぎれば門の出入りはすべて禁止された。万治二年（一六五九）の奥方法度では、この門は「切手御門《きってごもん》」と明記されるようになり、「手形」を改めるようにと規定された。よって、奥方法度で女の出入りを監視するよう取り決められた門とは、切手門のことになる。これを広敷門《ひろしきもん》や広敷向にある錠口のことと勘違いしている文献が多いので、注意が必要である。また、「手判」「手形」とあるのは、切手門を通過する際に求められた切手（通行証）のことである。

④では、江戸城大奥に走り込む女は、理非を判断して主人のもとに返すようにとされた。男人禁制といった特性により、大奥には女性にとってアジール（避難所）の役割があったことが注目される。ただし、この条項は貞享元年（一六八四）の奥方法度以降にはみられなくなるので、近世前期に特有の条項といえる。

これに関しては、稲葉《いなば》福（のちの春日局）が稲葉正成《まさしげ》と離縁した際の逸話が参考になる（『土芥寇讎記《どかいこうしゅうき》』）。

内匠頭《たくみのかみ》の妻、正成に恨みありて、幼息前《さき》の丹後守正勝を懐《ふところ》にし、彼の家を逃げ出し、御城に走り入る。是において、大猷院《（徳川家光）》様の御乳母となり、のち、春日局と称す。前の丹後守は乳母子《めのとご》たる故に、成長して御近習に召し仕えらる。

この史料では、正成（内匠頭）の妻が何に恨みを思ったのかを明記していないが、別の史料によれば、正成の浮気が原因らしい。内匠頭正成の妻、つまり福は、幼児の正勝を胸に抱えて家を逃げ出した。文面からはどこの城かも明らかではないが、「御城に走り入る」という行動をとることで、夫と離縁する実力行使に出た。出典の『土芥寇讎記』は元禄二年（一六八九）頃の調査記録なので、これが実話かどうかの判断は措くとしても、離縁のために女性が駆け込む場所として「城」が強く認識されていたことを示す話である。

乳持川崎の強行登城

ただし、江戸城本丸大奥に駆け込むためには、平川門《ひらかわもん》、下・上の梅林門《ばいりんもん》、切手門、広敷門などを通過しなければならない。江戸城が建設途中だった慶長期ならまだしも、江戸城の普請がほぼ終了し、門の設置も定まった元和期に、大奥への走り込みが可能だったのか、という疑問は残る。その点では、四代将軍家綱の乳持《ちちもち》として召し出され、のちに大奥老女となる川崎の話が示唆的である。

乳持の候補にあがった川崎は、家綱付老女の近江局《おうみのつぼね》と比べ、背の高さが一尺（約三〇センチ）も違う大女で、たいそう見苦しかった。そこで、親類中が大奥奉公に出ることを諦めさせようと説得した。ところが、川崎は何の前触れもせず、ふっと登城して若君（家綱）にお目見えし、外縁で乳を飲ませたのち、「もはや御城下がりはできない、外聞は問題ない」と居座ったのだという（「渓心院文《けいしんいんのふみ》」）。

川崎は春日と懇意であった尼の新大夫が推薦した経緯があったので、実際にはそうした手蔓をもとに通行証を得て、切手門を通過できたのだろう。そうした話の裏をとる必要があるとはいえ、川崎が逆手にとって強く主張したように、「大奥にいったん入った女は、城外に出ることはできない」と観念されていた点にことの本質を読み取りたい。つまり、大奥に入ることよりも、大奥から外に出ることの方が、より厳しく制限されていたと考えられるのである。

大奥に迷い込んだ百姓

時代はかなり下って天保期（一八三〇〜四四）の話になるが、一人の百姓の男が大奥に入り込むという事件が生じた。ある日の九つ（正午）過ぎ頃、大奥の錠口の内側に、百姓らしき者が紛れ込んでいるのを女中が発見した。添番の者がとらえ、広敷番之頭に引き渡すと、すぐに大奥を出されて表向の役人部屋が並ぶ中の口に連れて行かれ、目付が取り調べることになった。

すると、男の年齢は四十七歳、旗本中野鉄之進の知行所である武州榛沢郡寄井村の百姓であり、願いの筋があって当月十九日に出府し、湯島四丁目百姓宿小川屋喜太郎方へ止宿していたとのことで、本日「ふっと出向き」、気づくと何方ともわからない馴染みのないところにきていた。その場所が大奥と聞かされて驚いている次第を弁明した。男は通例に従い町奉行所に引き渡されたので、その後、いかなる処罰が下ったのか不明だが、このような不用意な侵入も実際には起きることがあった（『天保雑記《てんぽうざっき》』）。

男がどの道順で大奥に入り込んだのかは、明らかではない。大奥には狐や狸が出没することも多かったというので、どこかに侵入口があったのかもしれないが、以下に述べるように、大奥には実際にはかなりの男が出入りをしていた。それらに紛れて入り込むことは十分できたと思われるし、ほかにも入口はあった。

上下の御鈴廊下

江戸城本丸の大奥と奥の間は銅塀で仕切られていたが、非常口が所どころにあり、それには常に錠が下りていた。また、奥から大奥に入るルートは、上《かみ》の御鈴廊下と下《しも》の御鈴廊下があるのみで、上の御鈴廊下は将軍専用であり、下の御鈴廊下は非常用で、通常は利用されないと説明されることが多い。ただし、これらの理解は幕末の大奥に仕えた女中たちの回想に基づいており、江戸時代を通じてのことかどうかは留保が必要である。しかも、明治になって旧幕府時代を回想した松平春嶽は、「将軍の食事は奥で作られ、下の御鈴廊下から大奥へ運び込んだ」と説明している。さらに、奥と大奥との交渉も、下の御鈴廊下を通じて行われることがあったと証言している（『前世界雑話稿』）。

奥の番御小納戸の内数人ありて、一人ツヽ、詰所ありて詰居り、老中及御側衆《おそばしゅう》、女中老女と面談の節ハ、杉戸を明け、老中・御側衆面会いたし度《たき》と御《お》錠口《じょうぐち》女中ノ役名へ掛合、又老女より面会いたし度節は、御錠口をもって奥ノ番へ掛合、其節ハ御錠口杉戸を明け、又将軍家御出入の節ハ、尤御錠口杉戸を明ル、

つまり、奥にいる老中・側衆らが大奥老女と面会したい時は、錠口を守る奥側の奥の番と大奥側の錠口が掛け合い、杉戸を明けることになっていた。奥の番の詰所は、上の御鈴廊下ではなく、下の御鈴廊下付近にあるので、相互の連絡のために下の御鈴廊下が使われたと判明する。

とはいえ、これも時期によって異なる。そもそも近世初期の寛永期の絵図に下の御鈴廊下は描かれていない（図5。三九頁）。寛永十六年（一六三九）の火災後に再建された大奥を描いた絵図（図6。六四頁）では、下の御鈴廊下付近に「御門」が設けられていたが、明暦大火後に再建された大奥の絵図では、門も廊下も確認できなくなる（カバー）。江戸城研究の第一人者である深井雅海によれば、下の御鈴廊下の設置時期を九代将軍家重《いえしげ》時代（在位：一七四五〜六〇）以降と推定している（深井雅海『図解・江戸城を読む』）。

仕切門の土戸

では、奥から大奥に男性役人が入る時は、どうしていたのか。実は奥の風呂屋口《ふろやぐち》を出た左側、大奥の広敷門を出た右側に仕切門の土戸《つちど》があり、

大奥に用のある男たちはこの出入口を通行していた。あるいは、将軍が二の丸・三の丸に出向く際や、三卿（田安・一橋・清水）など将軍家一門が登城する際には汐見坂門を通って広敷門の前に出て、土戸を通って風呂屋口から奥に出入りをしていた。この土戸の警備は目付支配の中間《ちゅうげん》が担当した。ちなみに、中間は表向の長屋門、大奥の広敷門、台所門前新土戸（仕切門）の警備担当でもあった。

元和六年（一六二〇）四月二十二日には、奥と大奥を仕切る土戸に札が懸けられ、次のように定められた。

この土戸より内へ、奥方御番衆・御侍衆・御台所衆・御小人・御下男、この他は御用なき者、一切参るべからざるもの也（「東武実録」）。

広敷向に勤務した男性の大奥役人の五役――奥方番・侍・台所・小人《こびと》・下男――は、仕切門の土戸を通って奥と大奥の出入りができたが、用を命じられていない者はすべて通ってはならないとある。

ここでいう奥方番は、留守居年寄の支配に属する広敷番之頭の配下に置かれた添番と伊賀者を指すとみられる。既述のように、添番と伊賀者は与力―同心のような関係にあり、基本的に同じ仕事をした。侍は用人《ようにん》支配の御家人から任命され、女中が寺社に代参する際の護衛として随行し、御台から送られた御文箱《ふばこ》や下され物を長持《ながもち》に入れて持ち運ぶ宰領《さいりょう》

表3　幕末の広敷役人（文久3年〈1863〉の人数と役高）

	役職	天璋院付	和宮付	本寿院付	役高
事務処理系	用人	3	1	2	500石・300俵
	用達	5	3	2	200石
	侍	16	2	6	70俵持扶持
	御用部屋書役	3	1	3	30俵2人扶持
警護監察系	広敷番之頭	7	3	0	持高勤め
	広敷添番	103	20	0	100俵持扶持
	広敷伊賀者	0	0	0	30俵2人扶持
その他	御膳所台所頭	1	2	0	200石・100俵
	同組頭	5	0	0	70俵持扶持
	進物取次番之頭	3	0	0	100俵持扶持
	同取次上番	25	0	0	50俵持扶持
	計216	171	32	13	

（出典）「文久武鑑」（深井雅海・藤實久美子編『江戸幕府役職武鑑編年集成』34巻）より作成.

（註）天璋院（13代将軍家定の妻），和宮（14代将軍家茂の妻），本寿院（家定生母）.

（監督者）を担当した。小人は目付支配の御家人から任命され、大奥玄関や中の口を守衛し、女中の輿添役《こしぞえやく》や広敷役人の供をし、各所への使者や物品の運搬役を担当した。下男は留守居年寄支配の御家人で、錠口の内側に入って最下層の女中である半下《はした》（末《すえ》）を手伝うのが仕事で、掃除・水汲みや女中が外出する時の駕籠舁《か》き、留守居年寄が大奥を廻って検分する際の随行などを担当した。

このように大奥広敷向に勤務する男性の大奥役人は、留守居年寄支配・用人支配・目付支配の三系列があった。この五役は次第に職掌が整備され、近世後期には目付支配は広敷門番・七つ口〆戸番・火之番・台所番・小人、留守居年寄支配は広敷番之頭・添番・伊賀者・裏門切手番之頭・同心・下男・仕丁《しちょう》（黒鍬者《くろくわもの》）・六尺《ろくしゃく》などと細分化されていった（『明良帯録《めいりょうたいろく》』）。なお、幕末の各人付の役職人数は表3のような構成であった。

大奥に出入りする人びと

元和九年奥方法度

最初の奥方法度の制定から五年を経た元和九年（一六二三）元旦になると、法度は九か条に増補改定された（「東武実録」）。以下、元和九年令とする）。広敷向の三人（竹尾四郎兵衛・筧助兵衛・松田六郎左衛門）が大奥の仕置について一日交替で宿直して昼夜監視し、違反者がいれば上役（留守居年寄相当）に報告する（第一条）。門の出入りは、女は身分の上下にかかわらず「手判」が必要で、暮六つ時（午後四時頃）を過ぎれば「手判」があっても門の出入りを一切禁止する（第二条）。錠口の内側（「御つぼね」）への男女の自由な出入りを禁じ、用があって男が「奥方」に入る場合には監視のために広敷向の三人の内から同道する（第三条）。走り込みの女の禁止（第八条）などである。元和四年令をほぼ引き継いでいる。

今回の改定では、出家・社人などの宗教者、医師、大名家からの使者、町人など、大奥に出入りする人びとについて、広敷向の三人の指示を受けるように取り決めた点が新しい（第四〜六条）。また、第九条では、すべて奥方からの用は、女中三人（小大夫・きゃく・をく）が広敷向の三人に伝え、広敷向の三人から諸事を命じるように、と定められた。よって、外部と交渉する女中が明確化されたことに加え、広敷向の三人の職掌が、これまでの監察・警備の役割から、のちの広敷用人（大奥の事務方の統括者で、御台付・姫君付など個人ごとに設置された）のような役割をも担うように広げられた。

なぜ改定されたのか

この時期に奥方法度を改定する必要性について説明した記録は確認できないため、状況から判断するしかない。前年の元和八年（一六二二）三月十八日に秀忠三男の忠長が本丸を出て北の丸の屋敷に移り、元和九年五月には家光将軍襲職のための上洛が予定され、八月には家光の本妻に迎えられる鷹司《たかつかさ》孝子《たかこ》が江戸城本丸に入ったことなどが関わるのかもしれないが、いずれも時期的に多少のズレがある。

別の要因としては、この時期に国持大名の妻の江戸在住が進められたことがある。大名の妻は人質として江戸在住を義務づけられていたというのが一般常識だが、家康や秀忠の場合は実娘や養女を有力大名に嫁がせる婚姻政策をとったため、それら徳川将軍家の娘たちを人質として江戸に置いても積極的な利点はなかった。そのため、江戸初期の徳川家出身の妻たちは、大名の国許《くにもと》にいるのが常態だった。

しかし、元和八年正月頃より幕府は老中奉書《ほうしょ》をもって、大名に対して妻の江戸移住を個別に促すようになり、この頃には妻たちの江戸在住が本格化しつつあった。徳川将軍の縁者である妻たちは、本人が大奥に登城することができたのみならず、贈答などの交流もあったので、自ずと大奥に出入りをする者たちが増えたことが勘案される。

具体例では、元和八年正月に豊前小倉の大名細川忠利《ほそかわただとし》は、老中から「諸大名は残らず妻子を江戸に引越させることになる」という情報を得た。しかし、妻が病弱で長旅に耐えられないこと、江戸で居住させる屋敷がないため、その整備が必要であることなどを理由に引き伸ばしていた。元和九年十月十四日にようやく妻の千代が小倉を出発する段取りとなった。江戸に到着した日時は不明だが、年内には江戸に入ったのだろう。千代は小笠原秀政《おがさわらひでまさ》の娘で、家康には曽孫にあたり、秀忠養女として慶長十四年（一六〇九）に忠利に嫁ぎ、小倉に下っていた（山本博文『江戸城の宮廷政治』）。

同様に肥後熊本の大名加藤忠廣《かとうただひろ》も、妻の蒲生《がもう》氏と嫡子の虎松が元和九年八月頃に熊本を出て、江戸に下っている。忠廣の妻は蒲生秀行《ひでゆき》の娘であり、秀忠の養女となって慶長十九年四月に婚姻し、熊本に下っていた（福田千鶴「加藤忠廣の基礎的研究」）。

このように、元和八年から同九年にかけて、諸大名の妻子の江戸在住が着々と進められていたことが、元和九年の法度改定の背景にあったことは十分に考えられる。

筑前福岡の国持大名となる黒田長政《くろだながまさ》は、関ヶ原合戦の直前に家康の養女となった保科栄（保科正直《ほしなまさなお》の娘、母は家康の妹長元院。長政の死後に大凉院と号す）と婚姻した。つまり、栄は徳川家の娘として黒田家に嫁いだため、その格式は高く、江戸城大奥での様子は次のようであったという。

江戸城大奥への登城

大凉院様御　登城遊ばされ候節は、御本丸御末の間迄御乗物御免なさるる由に御座候、

つまり、栄が登城する際には、大奥の末《すえ》の間《ま》まで駕籠に乗ることを許されていた。この場所は、のちに御客座敷と呼ばれる部屋と考えられる。

また、栄は大坂の陣の際に夫の長政が豊臣方の嫌疑を受けたことから、三人の子を連れて江戸に下り、その後は死去するまで江戸で暮らした。その間、長政を継いだ二代忠之が庶出子の光之を公認しようとせず、無嗣のままという状況に陥った。忠之は将軍家から嫁いできた妻が死んでしまい、その後は幕府の有力者から妻を得ようと画策していたが、うまくいかず、忠之には表向きには妻がいないため、光之を世嗣として認めるように表向から正式に願い出るための理由が立たないという事情もあった。そこで、栄は光之を連れて大奥に登城し、英勝院や春日局を同席させて将軍家光に光之を内証で対面させ、世嗣とし

て認知してもらい、黒田家が無嗣断絶に陥る危機を回避した。

このように、徳川将軍家出身の妻は一門としての立場を利用して、さまざまな願いごとを将軍に聞き入れてもらう、という内証行為を登城した大奥で行っていたのである。

家康は実娘三人と養女十八人の計二十一人、秀忠は実娘三人と養女十一人の計十四人、合計三十五人の娘を大名家に嫁がせていた。栄のように早くから江戸に移り住んだ者や逆に早くに死去した者などもいただろうが、徳川家出身の大名の妻たちが、元和八年（一六二二）以降に本格的に江戸に移住してきたことによって、大名家の奥方から江戸城大奥に出入りをする人びとが増えたことは容易に推測できよう。

交渉役女中の登場

元和九年（一六二三）令では、奥方と外部の交渉役として、小大夫・きゃく・をくという女中の名前が具体的に登場した点が注目される。以後の法度では、ここには将軍付老女が名を連ねるようになり、広敷番之頭と連携して大奥を運営することを職掌として定められる。

小大夫に関しては、京都三宝院の住持義演の日記の寛永二年（一六二五）八月十一日の条に次のようにある（『義演准后日記』）。

大御台御内衆宮内卿元小大夫上洛、仍十帖帯一筋遣之、過分返事、

「大御台」とは秀忠が大御所となったのちの江の尊称であり、その御内衆である宮内卿

が上洛したとの記事である。「元《もと》小大夫」とあり、小大夫が名を宮内卿に改めたこと、かつ江付であることが明らかとなる。このように、小大夫は京都に江の使者として派遣されるほどの実力者であり、江戸城大奥でも外部との交渉役の筆頭に置かれて実務を担当したのだとわかる。

続く、きゃく・をくに関しては詳細不明だが、のちの表使《おもてづかい》に相当する外部との交渉役ではないかと思われる。寛永六年に伊勢慶光院周清上人《けいこういんしゅせいしょうにん》が伊勢遷宮《せんぐう》にあたり御祓を江戸城に届けた際には、「相国《しょうこく》（秀忠）付」として「高徳院・つま・海津・一の台・きゃく・あか・をく・しま・かへ・客人」を挙げており、きゃく・をくの二人は秀忠付となっている。これが、当初から秀忠付なのか、寛永三年の江の死後に秀忠付となったのかは不明ながら、名順からはそれほど高い位置にいるわけではないことがわかる。元和九年令の女中筆頭が小大夫であったことからは、元和九年段階では御台付の女中が外部との交渉役の第一位の責任者だったことになる。よって浅井江が御台であった時期の大奥の主人は、将軍ではなく、将軍の妻たる御台だったということができよう。

宗教者の出入り

元和九年（一六二三）令の第四条では、大奥に入ることのできる宗教者について、次のように定めた。

一、出家・社人は、表の御台所まで相越し、右三人に申し談じること。

出家・社人とは、男性のみとは限らない。伊勢の慶光院上人は女性であり、参府すると大奥への出入りが許されていた。とくに五代院主の周清上人は春日局とも昵懇《じっこん》の関係にあり、江戸城大奥内にも個室を与えられていた（福田千鶴『春日局』）。このような例もあるが、やはりここで問題とされているのは男の宗教者であり、その出入りは「表《おもて》の御台《おだい》所《どころ》」で広敷向の三人に用件を伝えることと規定された。

問題は、この「表の御台所」の場所である。まず考えられるのは、文字通り表向にある台所である。江戸城本丸表玄関の東側を通り、長屋門、さらに仕切門を通過すると、台所口門がある。この門を入ると、煮炊きをする石の間があり、その先一帯に将軍の食事を作る膳所《ぜんどころ》や登城した大名や役人の食事を作る表の台所があった。これとは別に、大奥広敷向玄関を入った左側にも、奥の台所頭が管理する大奥台所があった。

そこで、参考になるのが、第五条で医師が伺候する所を「奥《おく》の御台所」と表記したことである。この「奥の御台所」は、貞享元年（一六八四）の奥方法度以降は「奥御広敷」に改められる。医師の所でも具体的に述べるが、医師たちは錠口を入った所にある御広座敷で女中たちの診断にあたった。よって「表の御台所」とは、錠口の外側にある玄関付近の広敷台所を指し、そこで広敷番之頭に連絡して用件を伝え、必要があれば広敷番之頭を同道させて錠口から奥方へと入ったと考えるのが妥当なところだろう。

大奥における祈禱

これら宗教者の出入りを規定せねばならなかったのは、女性の役割の一つに祈禱があったからである（高木昭作『江戸幕府の制度と伝達文書』）。大奥研究を進めている畑尚子によれば、大奥では年中行事化した常の祈禱と、病気平癒、地鎮、天変地異などの際に行なわれる臨時の祈禱があったという。とくに、例年十二月十三日に護持院住職によって施行される煤払いの祈禱は、五代将軍綱吉《つなよし》の頃よりみられ、幕末まで続けられており、大奥に継続的に男性の宗教者が出入りをしていた（畑尚子「宗教・信仰と大奥」）。

たとえば、年末（十二月十三日）の煤払いは、護持院が朝六半時過（七時頃）に登城して大奥に入ると、留守居年寄・用人・広敷番之頭が錠口を通って御広座敷の御入頰《いりづら》に着座する。すでに老女が御広座敷の上の間の襖《ふすま》の方《ほう》、表使が次の間の襖の方に着座済である。使の間に控えていた護持院が入り、老女・表使・留守居年寄以下の順で挨拶を終えると、修法《しゆほう》が始まり、それが終わると護持院は拝領物をもらい、退出する。広敷向の部屋で料理を振る舞われることもある。そのあと、留守居年寄は用人部屋で熨斗目《のしめ》（麻上下の下に着用する礼服《らいふく》）・麻上下に着替え、再び錠口を通って奥の対面所まで入り、年男《としおとこ》の祝儀を行なうことを恒例とした（「御留守居勤方手扣」）。

こうした大奥の年中行事に関わって強いつながりを持つ大寺院はもとより、女中自らが特定の寺院や僧侶に深く帰依《きえ》する者もおり、大奥と宗教者の関係は切っても切れない深い関係があった。なお、宗教者の出入りを制限する規定は元和九年令のみにみえる条項なので、その出入りに関する取り決めは大奥法度とは別立てになされたのだろう。

三の丸の出入り制限

少し横道にそれるが、寛文三年（一六六三）七月には、門番規定の一つとして「三の丸の内へ入れざる覚」が出された（「教令類纂」）。内容は、「辻売り・諸勧進・伊勢愛宕の山伏・代待・髪結・古着買い・古金《かね》買・巡礼・乞食」を三の丸に入れてはならないとし、例外として「振り売り」のみは通してよい、と定められた。

三の丸に行くためには、江戸城の正門である大手門から二の丸に入り三の丸喰違門《くいちがいもん》を通過するか、裏手にある平川門を通って入るかの二つのルートしかない。大手門の通行制限は厳しく、鑑札や断りのない者は通過できなかった（岩淵令治「境界としての江戸城大手三門」）。そのため、右は平川門の通行制限規定とみなされる。平川門を入って大奥へ向かう下梅林門までの三の丸の空間に、右のような宗教者が「振り売り」や諸人に紛れて入り込むことがあったのだろう。

この門番規定は貞享元年（一六八四）七月にも再令されており、改めて三の丸内への出入り禁止が確認された。喜捨（寄付）を求めて大奥を目指す諸勧進・山伏・巡礼・乞食といった民間宗教者たちは、平川門の手前で入城を押しとどめられていたのである。

医師の出入り

話を元に戻す。元和九年（一六二三）令の第五条では、大奥への医師の出入りについて、次のように定められた。

一、驢庵《ろあん》・延寿院・道三、この三人は奥の御台所まで伺候あるべし、このほかの医師は御用次第、四郎兵衛・助兵衛・六郎左衛門方より召し寄せるべきこと。

半井《なからい》驢庵および延寿院（今大路正紹《いまおおじまさつぐ》）・道三（同親清）父子の三人は、「奥の御台所」に伺候し、そのほかの医師は広敷向の三人が必要に応じて呼ぶとされた。半井（千五百石）・今大路（千二百石）の両家は、諸医師の上席で、典薬頭《てんやくのかみ》を世襲した家である。若年寄支配で、ともに従五位下、法印に叙せられ、医師の触頭《ふれがしら》を勤めた。

「奥の御台所」とは、錠口の内側にあって老女たちが外部の者との対面に利用した御広座敷と考えられる。寛永十七年（一六四〇）の「御本丸惣絵図」（図6）では、広敷門のすぐ右脇に「御医師部屋」があり、玄関を入って錠口を抜けた先に「廣《（広）》座敷」が確認できる。慶安三年（一六五〇）に家光世嗣の家綱が西の丸に移った際の内証方条目では奥医師《おくいし》は八人、万治二年（一六五九）の本丸奥方法度では奥医師は五人となっている。これ以外の医師を呼ぶ必要がある場合は、留守居年寄が広敷番之頭の当番と相談し、もし留守居年寄がいない場合は、留守居番の当番に相談するように、と取り決められ、以後はこの形式が

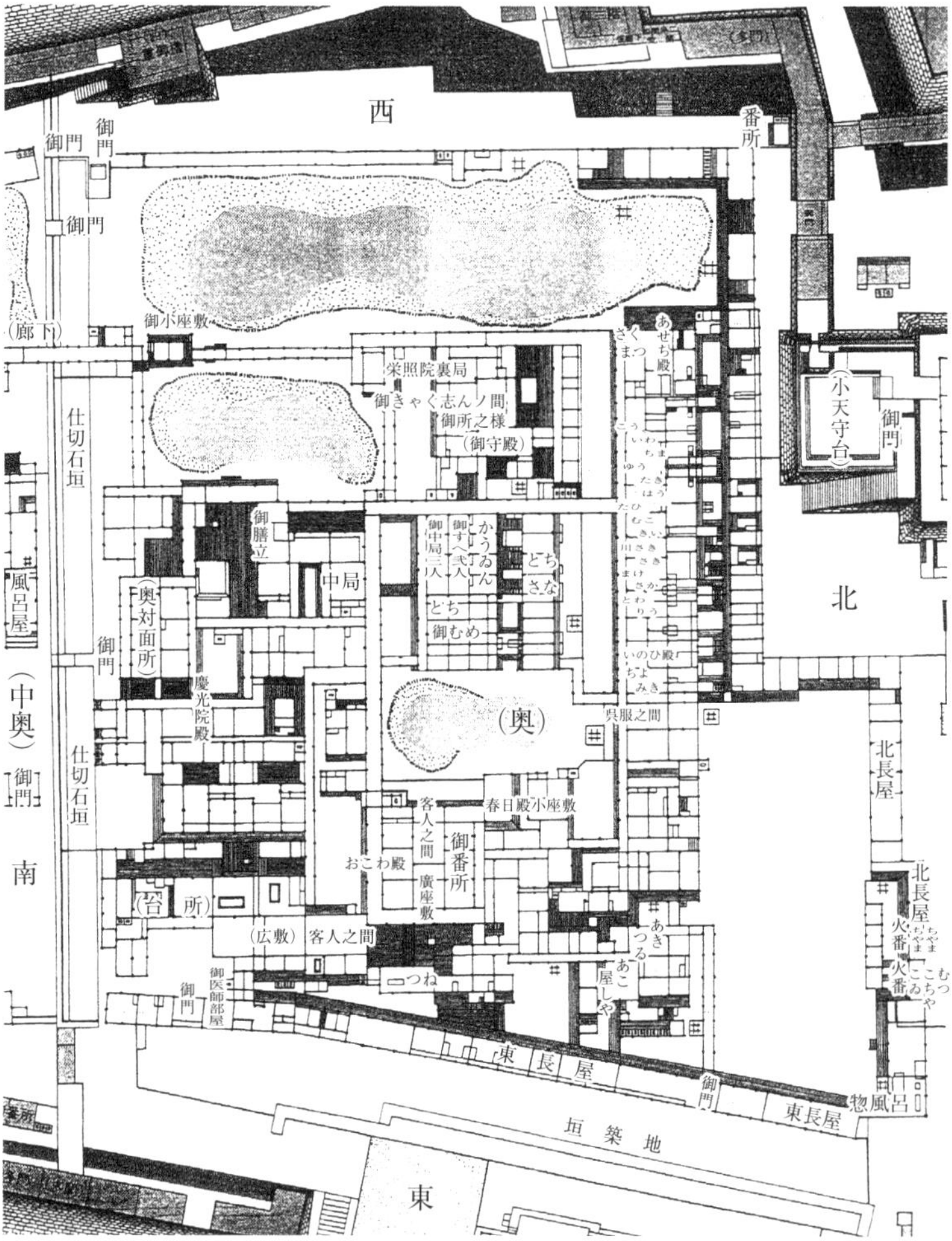

図6 「御本丸惣絵図」に描かれた江戸城大奥
(出典) 内藤昌『寛永期江戸城本丸・二丸圖』(教育出版, 1995年) より作成.

定着する。

奥医師は、毎日登城して将軍の機嫌を伺い、昼は奥の医師溜りに詰め、御用があれば大奥、または二の丸・三の丸、そのほかの女中や将軍家の娘の嫁ぎ先である御守殿《ごしゅでん》へも出向き、御用召しは昼夜に限らなかった。こうして奥医師は大奥に日常的に出入りを許され、大奥女中との強いコネクションを作ることになった。実は大奥の女中には、奥医師の関係者が多かった。

大奥での診察

幕末の様子になるが、天璋院の身辺の世話をする中﨟を勤めた大岡ませ子の回想によれば、御台には月に五、六度の拝診があり、医師は二人で、一人がお匙《さじ》（主治医）、一人は立会いで、坊主五、六人が付いてきて、平常は脈と舌を視て、腹診は容体によったという。江戸の医者はいずれも坊主頭《あたま》なので、上下《かみしも》を着ていない、と説明している。御台の部屋に入る手前には奥の錠口があり、そこまで添番と伊賀者が付き添った。そこから先は医師だけが入室し、医師の脇差《わきざし》は錠口の外で添番と伊賀者が預かった。

また、大奥に勤務する女中の診療については、万治二年（一六五九）の奥方法度第六条で初めて取り決められ、内容は次のように定められた。

一、女中煩大切にて表へ出る儀なりがたき時は、近江・岡野・おさしより十人之番頭当番へ書付にて相断り、其上医師召寄せ、広敷番之頭彼部屋迄参べし、自然参にくき部屋に居住の女中は、煩まだしき内、部屋替えいたしこれあるべきこと。

女中が「表」に出られないほど重体の場合は、老女三人（近江・岡野・さし）から広敷番之頭の当番に書付を渡して断り、そのうえで医師を召喚し、広敷番之頭が同道して女中の部屋まで出向くこと、とされた。御台のいる御殿向に近いような女中部屋であれば、病気が重くならないうちに部屋替えをするように、とも命じられた。

軽症の女中が出向いて診療を受ける「表」とは、どこなのか。再び大岡ませ子によれば、次のように説明する。

又者《またもの》（部屋方）が病気の時は、番部屋（御使番詰所）に往《ゆ》き、奥詰御医師の診察を受けて、医師の見込に依っては宿へ下げます。御中﨟は御広座敷へ出て診察を受けるのですが、御年寄は名指しで、誰々の診察と云って望みます。望まなければ詰合いの医師が立会いで診脈するのです。

原則的に錠口の外に出ることのできない女中は、錠口の内側で診断を受けた。女中の使用人である部屋子は使番の詰所である番部屋にいく。ここは、錠口を見張る女中側の番所《ばんしょ》であり、錠口を入ったすぐの部屋にあたる。中﨟が診断を受ける「御広座敷」とは、上の御広座敷と呼ばれた部屋で、番部屋からさらに奥側にあり、ここには老中や広敷向役人も入ってきて、種々の対面や伝達が行なわれた。老中が老女の誓詞《せいし》提出を見届けるのも、この部屋である（図9。一三四頁）。御広座敷は外から入ってくる医者からみれば「奥の台所」であるが、奥側にいる女中からみれば表側という両義の空間であった。このように、誰からみて表なのか奥なのかに留意して史料を読み解く必要があり、本当に表と奥はややこしい。

なお、老女クラスになるとご指名で好みの医師を部屋に招き入れることができたが、史料に逐一記されていなくても、奥方法度に照らせば、広敷番之頭、もしくはその配下の添番・伊賀者が同道してのことであったと理解するのが自然な考えである。

奥医師の作法

ここで、正徳四年（一七一四）に生じた大奥最大のスキャンダルとされる絵島《えじま》事件を参考にしてみたい。この時、月光院《がっこういん》（七代将軍家継《いえつぐ》の生母）付老女の絵島を含む女中十四人が芝居見物などを理由に処罰され、その召使いの下女五十七人も平川口から追放された。かつ、男性の側にも多くの処罰者を出した。

その一人に、奥医師の奥山交竹院玄長《おくのやまこうちくいんはるなが》がいた。奥山家は、玄長の養父玄建《はるたつ》が五代将軍綱吉から奥医師として召し出されたのに始まり、元禄十二年（一六九九）に玄長が家督を継ぎ、父子で西の丸の奥医師となり、綱吉の養子家宣《いえのぶ》が六代将軍になるに伴い、本丸に移り家宣に近侍していた（『寛政譜』）。絵島事件での処罰理由は、次のように説明された。

「交竹院は、数年以来、将軍近習の奉公を勤め、表と奥の御作法などはいうまでもなく、絵島が重い奉公を勤める者である子細を知っているはずである。しかし、絵島とは親族のよしみもないのに親しみ、密《ひそ》かに私宅に止宿させ、猥《みだ》りに外部の者と対面させ、遊興の場で参会した。とりわけ、弟の奥山喜内の娘を絵島の養女にし、喜内が絵島を誘引して種々猥りがましき事があったにもかかわらず、制止もしなかった。その姦犯の罪科は重いが、寛宥の沙汰をもって死罪一等を減じ、永久遠流《おんる》とする。」

つまり、奥向の「表」（奥）で将軍の側に近侍するのみならず、「奥」（大奥）にも出入りを許された奥医師は、両方の作法に通じる者であった。にもかかわらず、職掌柄、大奥女中と懇意の関係になり、自らの親族を部屋子として大奥に入れ、連絡を取り合う手立てとしていたことが、絵島事件では問題とされたのである。

ただし、女中が医師と馴染みの関係になるのは本件に限らないだろうから、絵島事件に巻き込まれた交竹院は、運が悪かったというべきかもしれない。

商人・職人の出入り

再び元和九年（一六二三）令に戻る。その第七条では、大奥に出入りのできる商人や職人を次のように取り決めた。

一、町人の儀は、後藤源左衛門・幸阿弥《こうあみ》二人の者は、御用次第に奥の御台所まで参るべし、そのほかの職人も御用の事があれば、三人より召し寄せること。

大奥の中に出入りを公式に許された商人（用達町人）は、後藤家と幸阿弥家の二家に限られていた。後藤家は徳川家康の岡崎在城以来、呉服の用達を担当し、代々縫殿《ぬい》を名のった。表向における呉服の調達のみならず、大奥における呉服御用も担った（『寛政譜』）。これに続く幸阿弥家は、室町幕府以来、蒔絵師《まきえし》として仕えてきた名家とされ、江戸幕府崩壊まで御抱《おかか》え蒔絵師としての格式を保持した（飯島半十郎『蒔絵師伝・塗絵師伝』）。この二家は御用次第に「奥の御台所」まで来ることを許された。これは医師と同じ扱いである。よって、この二家も医師と同様に、錠口の内側にある御広座敷まできて、御台をはじめとする女中たちの注文を受け付けていたと考えられる。これは嘉永六年（一八五三）の奥方法度でも同様に御用次第に「奥の御台所」に来るようにと定められており、江戸時代を通じて変わらず大奥の御用を引き受けていた。

ただし、これ以外の職人の出入りは、広敷向の三人を通して召し寄せるようにと定められた。これは、万治二年（一六五九）の奥方法度からは「納戸方御用」という位置づけになり、納戸組の番頭と組頭が「奥の御台所」まできて用事を承ることになった。町人は後藤と幸阿弥の二人が御用次第に「奥の御台所」まできてよいとするのは従来通りだが、そのほかの職人は留守居年寄四人と広敷番之頭が相談のうえで召し寄せることになり、以後はこの形式が踏襲された。また、「細工方御用」は細工奉行（矢部四郎兵衛）が「奥の御台所」まで来ることになり、これも以後に踏襲された。

呉服師後藤縫殿の処罰

「奥の御台所」まできてよいとされた後藤および幸阿弥の両家からは、実際に本人が大奥に出向くばかりではなかった。正徳四年（一七一四）の絵島事件では、後藤縫殿本人とその手代二人も処罰された。その理由は、次のような内容であった。

「縫殿は、代々御用を承り、とくに奥方御用の担当は大切なことであるので、広敷へ差し出す手代は、その人品や年齢を選び、制禁をたて、女中の用事を承ることは呉服物のみとし、これ以外はすべて何事によらず隠密のことを承ることのないよう、常々厳重に命じるべきである。しかるに、年齢わずかに二十歳ばかりの若輩者を数年間も広敷へ差し出し、その手代の者が絵島に従い、舟遊び、狂言芝居などを催すことが、たびたびにおよんだ。縫殿はそのような事実を知らなかったと弁明しているが、職務怠慢の罪科は遁《のが》れられない。ただし、代々御用を命じられてきた者なので、寛宥の沙汰をもって閉門《へいもん》（屋敷の門を竹竿などで固定してふさぎ、人の出入りを禁止する刑罰）とする。」

つまり、後藤縫殿本人が絵島事件に直接関与したわけではなかったが、使用人の監督不行届きということで閉門の処罰となった。ただし、これは一時的なことであり、しばらくして縫殿は閉門を解かれ、呉服師として大奥への出入りを再び許された。

手代二人と下人一人の計三人も詮議を受け、次のように処罰が決定した。

後藤縫殿手代の処罰

「手代の清介は、数年以来、絵島の要求に従い、舟遊びや狂言芝居などをたびたび催した。絵島の要望を断れなかったと弁明しているが、主人縫殿へ隠していたのはよいとはいえない。また、若輩者で、かつ主人の命令で奥方御用を承るため広敷に差し出された者であるにもかかわらず、公儀を憚《はばか》らざる次第は重犯であり、罪科は遁れられないが、その罪を宥して、永久遠流とする。」

「手代の次郎兵衛は、正月十一日に傍輩清介にいわれて、狂言芝居などのことを取り計らい、同十二日には絵島らの見物の桟敷《さじき》へも行き、茶屋に料理を準備させた。軽い身分の者ではあるが、主人から命じられた奥方御用を承っているのに、公儀をも憚らず若年の傍輩の言いなりになったという罪により、追払いとする。」

「下人の七兵衛は、正月十日に縫殿手代どもに命じられて、狂言芝居・茶屋などの準備をした。軽い身分の者が支配する者の命令に従っただけなので、構いなし（無罪）とする。」

絵島事件の張本人は手代の清介であり、同輩の手代次郎兵衛と下人七兵衛は巻き込まれたものだったため、清介より軽い処罰で済んだ。とはいえ、ここで注目すべきは、縫殿の処罰理由にもあったように、年齢の若い男性の手代が大奥広敷向まで入り込み、大奥老女と交流していたという事実である。

絵島事件では生島《いくしま》新五郎という役者を長持に入れて大奥に忍びこませたことが巷説となっている。それは実際にはありえないことというのが通説的見解であり、筆者もこれに同意するものである。ただし、清介らが大奥広敷向まで入り込んでいたのは事実とせねばならず、こうした緩みが背景にあって生島の巷説もつくりだされたとみる必要がある。

大名家との交流

さて、順番が前後するが、最後に元和九年（一六二三）令の第六条を確認する。大名家からの使者については、次のように定められた。

一、大名衆より使者のこと、この以前は奥の御台所まで参つけ候、使者は御よりつきまで参り、右三人に申し理《ことわ》るべきこと。

大名家からの使者はこれまでは奥の御台所まできていたが、今後は「御よりつき」（御寄付《よりつき》）まできて広敷向の三人に来訪の理由を告げること、とされた。

寄付とは、一般には玄関から入ってすぐの部屋、または玄関脇にある一室、あるいは道路から玄関までのアプローチを指す。よって、これまで許されていた錠口の内側にある御広座敷から、今後は錠口の外側の玄関付近までしか来ることを許されなくなったものと理解される。ただし、この条項は元和九年法度のみにみられ、以後は記載されなくなる。

なぜ第六条は消えたのか

この条文が元和九年令に載せられた理由は、法度改定の事情と深く関わると考えられる。すでに述べたように、元和八年（一六二二）以降に諸大名の妻の江戸在住が個別に進められ、江戸城下には徳川家の親族として大奥に登城できる妻たちの数が増えたという事情があった。それゆえ、大名家からの使者をどこでどのように受け入れるのかということを取り決めておく必要があった。

また、この条文が元和九年以降になくなる理由だが、第一には大名家から大奥に派遣される使者は、男性ではなく女性による御城使《おしろづかい》（女使《おんなづかい》）としての制度化が進むこと、がある。女性の御城使は、御広座敷よりさらに奥にある対面所で将軍や御台に対面することが許されており、男性役人に対する奥方法度で取り扱う範疇を超える扱いになった。これを逆にみれば、第六条にある「使者」とは、男性であると限定的に理解する必要があることがわかる。つまり、大名家からの使者が男性ではなく女性に変わることで、元和九年令第六条は不要となったことが考えられよう。

第二の理由としては、江戸城大奥に使者を派遣できる大名家は、将軍との親族関係や由緒のある個人に限られたので、次第にその数は減じていった。そのため、奥方法度に記載して、わざわざ取り締まる緊要性が減じたことが考えられる。

一例を示すと、慶安四年（一六五一）四月に三代将軍家光が没し、四代将軍家綱に代替わりとなった。その際、萩毛利家ではそれまで大奥女中（「御城女中」）に贈っていた端午《たんご》（五月五日）・重陽《ちょうよう》（九月九日）の節句の呉服を例年通りに贈ることができなくなった。理由は、毛利家留守居の記録である「公《こう》儀所日乗《ぎしょにちじょう》」には次のように記される。

御裏向より上ヶ申候儀、御法度ニ御座候、又御面《おもて》向より上ヶ申すべき段も一円に御取次これなく候について、一切差し置き申候。

つまり、大名家の奥方（「御裏向」）からの進物が禁止され、表向からはこれを取次いでもらう手立てがないからだった。

毛利家では、同年の正月に家光付のひこ・こわ・寿林、家綱付の近江・乳《ち》の人《ひと》・さしに「例年御引付のごとく」に年頭の樽代を毛利家奥女中の松坂を通じて贈った実績があった。それにもかかわらず、将軍代替わり後には不可とされたのである。毛利家留守居の福間彦左衛門は、毛利家の年寄および松坂と相談して、今年の祝儀を大奥女中に贈ることをやむなく断念した。

大奥との関係更新の難しさ

明けて翌年正月には、再び毛利家の奥方から家綱付の女中三人に年頭の祝儀を贈ろうとしたが、これも次のような理由で断念せざるをえなかった（「公儀所日乗」）。

龍昌院様より、あふみとの・御つぼね・御さしへ御年頭の御祝儀・御目録進《まいら》せらるべきの由について、御城へ持せ候て罷り出、承《うけたまわりあわ》合せ候の処に、御おく御女中衆への進物、御表向にては御取次ならせられざるの由に候、また御奥方へは御人差御定これ有る衆の外は、使者御通しなきの由に候、しかる時は、何《いずれ》の道にても差上げ申すべき段相《あい》ならざるについて、右の御目録代、此三包、松坂殿へ右の首尾申し達し候て阿川伝左衛門を以て差返し申し候、

留守居の福間は、まず表向から家綱付の三人（近江・局・さし）に龍昌院の進物と目録を贈ろうとしたが、表向では取次いでもらえなかった。一方、奥方（大奥）へは定められた者のほかは使者を通してもらえないとのことで、いずれも手段がなく、諦めざるをえなかった。

龍昌院とは徳川みつ（結城松平秀康の娘）のことであり、既述のように家康の梃子入れで二代将軍秀忠の養女となって毛利家に嫁いでおり、家光とは義理の姉弟の関係にあった。秀忠が没した際に、みつは金二百枚・銀千枚の遺産分けを受け、家光の代となってからも徳川家の親族として家光付、さらに家綱付の女中に例年通り進物を贈っていた。しかし、家光死去時には親族の扱いを受けず、遺産分けもなく、四代将軍家綱への代替わり後は、大奥との関係を一切絶たれたのである。

このように、家康から家光の代までに拡大した徳川将軍家と国持大名家の縁戚関係は次第に整理され、江戸城大奥と交流を持つことのできる大名家は、加賀前田家や安芸浅野家などに限られていった。仙台伊達家の場合は、初代政宗の妻愛《めご》（陽徳院）から十三代慶邦の妻八十《やそ》まで、本妻が不在の一時期を除き、連綿と大奥との交流が続けられ、「チーム女使」というべき役女の協業態勢によって担われていた職務実態が明らかにされている（柳谷慶子「大名家「女使」の任務」）。ただし、伊達家は特別といってよく、毛利家のように大奥とつながる手立てを求めて苦労せねばならない大名家の方が多かったのである。

江戸城大奥の従属化

三代将軍家光と大奥

女中方作法の制定

大御台《おおみだい》の浅井江《あざいごう》の死後、秀忠《ひでただ》付女中の筆頭に置かれたのは高徳院《こうとくいん》である。大奥《おおおく》における女中方の作法の成立を考えるうえで、高徳院は重要人物の一人だった。女中名は紀伊《きい》で、近江椿井《おうみつばい》城主の椿井政長の娘という。政長は織《お》田信長《だのぶなが》に属し、天正十二年（一五八四）の羽柴《はしば》（のち豊臣《とよとみ》）秀吉《ひでよし》と織田信雄《おだのぶお》・徳川家康《とくがわいえやす》との小牧《こまき》・長久手《ながくて》合戦の際には信雄方につき椿井城を守衛した。合戦後に同城を明け渡して隠棲し、寛永八年（一六三一）に没した。享年八十四。

紀伊は、七歳より江に仕えて、諸事の御用を担当した。江の死後は、秀忠に仕えた。『寛永諸家系図伝《かんえいしょかけいずでん》』（以下、『寛永伝』と略称）では、次のように記す。

薨去《こうきょ》の後、台徳院殿《たいとくいんでん》につかへたてまつり、おほせをかうぶりて女中がたの作法を制す。

寛永七年に死す。法名智慶《ちけい》。

江が死去するのは寛永三年なので、その死後に秀忠に仕え、その命令（「おほせ」）により女中方の作法を制定したとしている。これまでみてきた元和四年（一六一八）・同九年の奥方法度《おくがたはっと》は、広敷向《ひろしきむき》に勤番する男性役人に向けた法度だった。女中も遵守すべき法度であったにしても、厳密には女中に向けて出された法度ではない。女中法度として明文化されるのは、後述するように四代将軍家綱《いえつな》期の寛文十年（一六七〇）が最初になる。

これを逆にみれば、初期の大奥における女中の作法は、将軍秀忠の意向が反映されていたとはいえ、女性たち自身によって自律的に決定されており、男性目線で定められた規律を押し付けられていたわけではなかった。広敷向役人に向けて奥方法度が整備され、男女の出入りが管理されたとしても、錠口《じょうぐち》の内側にいる女中の規律に関しては、男性役人が関与するところではなかったのである。

常高院（浅井初）の教導

この時期の大奥女中の規律に関しては、江の実姉である浅井初《はつ》の存在も大きかったようである。慶長十四年（一六〇九）五月に夫の京極高次《きょうごくたかつぐ》（若狭小浜《わかさおばま》八万五千石）が死去すると、出家して常高院《じょうこういん》を名のった。慶長十九年から二十年にかけての大坂の陣では、調停役として徳川と豊臣の関係を取り持ち、大坂落城の直前まで城内にいて和睦の道を模索した。その間には、家康の別妻の飯田阿茶《いいだあちゃ》とも連絡をとりあい、落城後は大坂城内にいた女中たちの処遇を家康に交渉して無罪放免の許可を得るなど、政治力を発揮した。

その後は、江戸と国許《くにもと》の若狭とを自由に行き来をして過ごした。江戸にいる時は、江戸城に登城できた。家光《いえみつ》にとって初は伯母にあたり、当然の待遇ともいえよう。「本日は常高院の御登城」と聞くと、大奥に緊張が走った。というのも、常高院がよく物を知っており、女中たちの悪いところを指摘して教導するからで、江戸城でのその様子は「栄《は》えばえしい」ものであったと、のちに筆頭老女となる梅《むめ》が語っていたという（「渓心院文《けいしんいんのふみ》」）。初は妹の江に成り代わり、大奥の規律を正す役割を担っていたのである。

常高院は寛永十年（一六三三）八月二十七日に江戸に没した。享年六十二。その死を聞き、諸大名は家光の機嫌伺いのために登城した。家光は京極家当主の忠高に帰国の暇を与え、常高院の供養を尽くすよう伝え、香典として銀千枚を贈った（「江戸幕府日記」）。

家光の妻妾と出生子の謎

その常高院の死より、話は十年さかのぼる。家光が三代将軍を襲職する元和九年（一六二三）に、母の江は家光の嫁探しを進めていた。白羽の矢があたったのは、鷹司孝子《たかつかさたかこ》である。鷹司家は五摂家の一つであり、孝子は関白鷹司信房の娘であった。寛永元年（一六二四）には正式に婚儀となり、孝子は「御台《みだい》」、江は「大御台《おおみだい》」と呼ばれるようになった。しかし、孝子は家光と不仲だったといい、寛永五年頃には精神を患い、本丸大奥を出て中の丸に別居することになった。以後、孝子は「中の丸様（殿）」と呼ばれた。

家光が孝子のことをどう思っていたのかは伝わらないが、春日局《かすがのつぼね》は孝子のことが気に入らなかったらしい。春日が日光東照社に納めたとされる「東照大権現祝詞《のりと》」には、「中の丸殿（孝子）の心が正しくなく、気に相違があり、これは不思議の冥罰であり、これこそ大権現（家康）の御神罰である」との雑言《ぞうごん》が書かれている。

春日は心底から孝子のことを邪魔者だと思っていたのだろう。というのも、寛永三年より春日は、自身の養家である稲葉家の血筋を引く娘を家光の側妾とするべく、大奥内の春日の部屋に置いて育てていた。寛永三年といえば、江が没した年であり、大奥における春日の自由度が増したことが推測される。娘の名は岡振《おかふり》（自証院）といい、寛永十四年閏《うるう》三月五日に家光長女の千代を出産した（図7）。次は若君誕生が期待されていたのだろうが、振は寛永十七年八月二十八日にあえなく病没した。享年二十二。ここに、血縁のある娘から家光世嗣を得るという春日の計画は頓挫してしまった。

家光長男となる家綱が生まれるのは、その翌年、寛永十八年八月三日である。生母は、英勝院《えいしょういん》が面倒をみていた増山楽《ましやまらく》（宝樹院）だった。実は、家光長女の千代が生まれる前に出生した家光の子は、いずれも早世、あるいは行方不明となっている。春日にいわせれば、

図7　稲葉・牧村関係系図

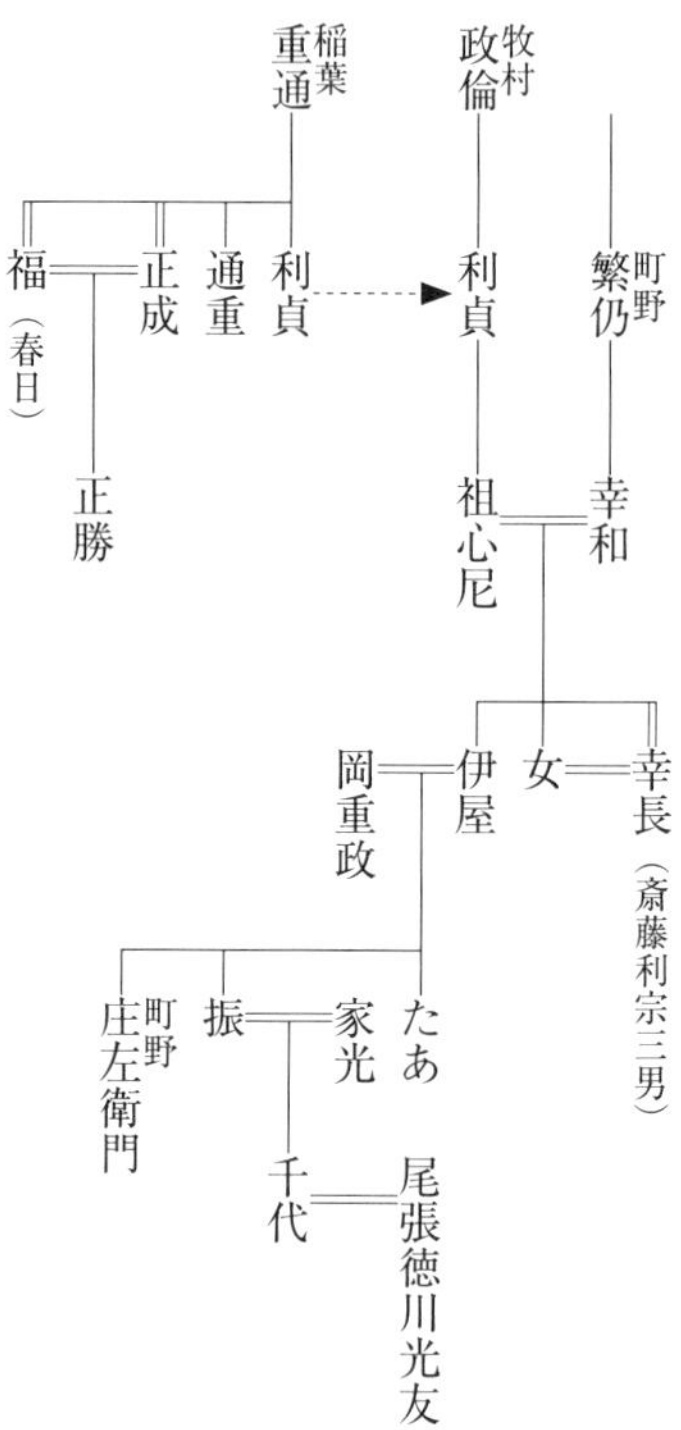

これらの子やその生母も、心が悪しく、東照大権現の神罰があたったのだ、ということになるのかもしれないが、それこそ不思議な冥罰だろう。ことの真相は永遠に藪の中である。

春日局の立場

大御台（浅井江）、御台（鷹司孝子）と相次いで大奥の女主人がいなくなったことで、春日局が「大奥総取締」「御年寄」となって大奥の制度を整えたと一般的には説明される。しかし、この段階では春日はまだ将軍家光付の「表《おもて》の局《つぼね》」と呼ばれていたにすぎない。すでに述べたように、家康別妻の一位《いちい》（雲光院《うんこういん》）や英勝院、江の死後に秀忠付となった高徳院（椿井紀伊）、江の姉の常高院（浅井初。京極高次の妻）、江の死と入れ替わりに姫路から江戸に戻った天樹院《てんじゅいん》（徳川千。秀忠と江の長女）などが重鎮としており、御台不在とはいっても、大御台の息のかかった女性たちが大奥を差配していたからである。

春日が大奥での地位を上昇させる第一の転機は、寛永六年（一六二九）に家光の疱瘡《ほうそう》平癒の立願ほどきのために上洛した際である。多賀社・伊勢両宮・山城愛宕社に参詣するとともに、公家の三条西実条《さんじょうにしさねえだ》の兄弟分となり、従三位《じゅさんみ》に任じられて形式を調え、後水尾帝《ごみのおてい》に対面した。この時、春日の名を帝から与えられる。ここで春日が一位雲光院に次ぐ高位の従三位に任じられたことで、自ずと本丸大奥における地位を上昇させることになった。とはいえ、大奥における春日の地位が確立するのは、寛永九年正月に大御所秀忠が没し、家光が名実ともに天下人として御代始《みよはじめ》の政治を執り行なうようになってからである。

合力金の創始

それでは、春日がどのように大奥の制度を整えたのかというと、具体的なことはよくわからない。春日が没する寛永二十年（一六四三）までの間に、新たに大奥法度が出された形跡はなく、大きな制度変更があった様子も確認できない。わずかに、『麟祥院《りんしょういん》殿清話』などに載る合力金《こうりょくきん》に関する逸話が知られているくらいだろう。麟祥院とは、春日の法名である。合力金とは女中の本給とは別に支給される給与のことで、これが始まったのは春日の功績なのだと伝える。

諸大名が江戸に参勤すると、惣女中にも衣服の料を贈るのが習わしであったが、家光はこれを廃止することにした。すると、春日は、自分自身は三千石を与えられており、三万石程の暮らしぶりなので廃止されても不足はしない。しかし、小袖《こそで》（刺繡・摺箔・紋染等の装飾を施した袖口の狭い上質の着物）は男でいえば具足《ぐそく》（甲冑）一領ほどの費用が掛かり、今回のように変えられては女中たちが困るので、別に合力金を与えてほしい、と訴え出た。これにより、女中には合力金が支給されることになったのだという。

寛永十二年の武家諸法度《ぶけしょはっと》の改定では、諸大名に隔年参勤が義務づけられた。この参勤交代の制度化に伴い、大名の負担軽減をはかるためにも進物を贈る範囲が制限されたのだろう。ただし、若君誕生などの慶事には、惣女中に対して白銀《しろがね》を贈ることは続けられており、惣女中に衣服の料を贈る慣例が全廃されたわけではない。

諸大名は参勤・家督（隠居）・官位・加増などの際に、表向から将軍と御台への献上物、および将軍付老女とそれを補佐する表使《おもてづかい》までに進物を贈った。その返礼として、将軍付老女の連名で献上物、および女中たちにも進物が贈られたことへの礼を述べる奉文を返すことが定例化していった。

内証ルート

このように春日が活躍した時期の大奥制度はよくわからないが、表向の政治構造は大きく整備された時期にあたる。寛永九年（一六三二）に秀忠が没し、家光が親政を開始するに伴い、機構改革が大幅に進められた。寛永十一年三月に六人衆（のちの若年寄）を置くにあたり、老中職務規定十か条が定められた。その第二条で、国持大名以下一万石以上の御用と訴訟を老中が担当すると定め、老中三人は十五日交替で当番することになった。さらに、翌十二年十一月には、老中五人による月番交替制へと老中制が整えられた。その背景には、諸大名が頼みとする老中から指南を受けるという取次《とりつぎ》の政治慣行により、特定の老中に権力が集中することがあった。これを防ぎ、大名たちと取次の老中や旗本との癒着の関係を断ち切ることを目的として、老中制が成立することになったのである（藤井譲治『江戸幕府老中制形成過程の研究』）。

しかし、諸大名は月番老中制の導入後も、おのおの家ごとに取次の老中や旗本を頼み、彼らの指南を受けたうえで正式に月番老中に申し入れる政治慣行を続けていた。事前に根回しをして将軍の意向をうかがい、了解を取り付けておけば、安心してことが進められるからである。また、表向から頼みにくい案件については、奥向《おくむき》を通じて将軍の「御耳《おみみ》」に入れ、その内諾を得たうえで正式に表向に申請するという手続きが取られた。これを研究上では、正式の表向ルートに対して、内証《ないしょう》ルートと呼んでいる。この内証ルートを使って将軍の意思を引き出す際に活躍したのが、ほかでもない春日である。

寛永十二年正月二十八日付けで、島津家家中の伊勢貞昌が江戸での処世術を指示した異見状の中で、次のように述べている。

一、春日殿へ、諸大名より念入りに折々の御音信《いんしん》があります。これは、御奥方（大奥）にて諸大名のことを何かと（春日殿が将軍に）申されるからで、皆々御懇《ねんこ》ろにしています。ですので、島津家で春日殿を普通の扱いにしていてはいかがかと思われますので、その心得が必要です。

要するに、春日に取り入って将軍によく伝えてもらうことが重要とされていたのである（福田千鶴『春日局』）。この大奥で将軍の耳に入れるという内証ルートは、春日の没後も依然として大奥女中が政治力を発揮する手段となり、表向の政治と拮抗するようになる。

世嗣家綱の西の丸移徙

家光長男の家綱が本丸大奥に誕生すると、すぐに側近の形成が進められた。寛永十八年（一六四一）八月十二日に大久保忠貞・内藤政次・大久保忠正の三人が傅役《もりやく》（小姓）に任命された。寛永二十年七月二十五日に家綱は本丸を出て、二の丸・三の丸の御殿に移徙《わたまし》した。

慶安三年（一六五〇）八月二十三日には吉辰（吉日）ということで、家綱付の人数が定められた。その内容は、右筆《ゆうひつ》二人・細工頭《さいくがしら》二人・賄頭《まかないがしら》一人・厨所頭《だいどころがしら》一人・広敷番之頭《ひろしきばんのかしら》八人・広敷添番《そえばん》十六人・数寄屋頭《すきやがしら》一人・同朋《どうぼう》一人といった奥向役人たちであった。同年九月八日には内藤重種・安藤正頼・松平正成・佐久間頼直の四人が、先の小姓三人並に家綱の傅役を勤めるよう命じられた（「江戸幕府日記」）。さらに、慶安三年九月には世嗣の住居である西の丸に移ることになり、九月十八日には「御内証方御条目」十三か条が定められた。十九日には家綱生母の楽《らく》も西の丸に移り、家綱の乳の人《ちひと》（三沢）が局《つぼね》に昇進した。家綱自身は、二十日に本丸から西の丸に移った。その際に進物として、楽（「御袋様」）に銀百枚・巻物十、梅・近江・局に銀三十枚・小袖二ずつ、岡野・さしに銀二十枚ずつ、惣女中に銀二百枚が贈られた（「江戸幕府日記」）。

慶安三年内証方条目

家綱が西の丸に移るにあたって定められた「御内証方御条目」十三か条（以下、慶安三年令とする）に「御内証」とあることをもって、これを側室の別称である「御内証」と解釈し、家綱生母の楽のために出された法度と解説されることがある。

しかし、「御内証」とは家綱を主人とした西の丸大奥のことを意味している。その理由は、第九条で夜間通行の切手の発行を任された女中四人は、近江・乳の人（局・三沢）・さし（矢嶋）・乙女（岡野）となっている。これは家綱誕生時から側近《そば》くに仕えている家綱付の女中であり、楽付の女中たちではない。要するに、本妻を迎えていない家綱には奥方がないため、「御奥方」ではなく「御内証」と表記されたのである。そのため、厳密には奥方法度ではないし、本丸大奥の法度でもないが、この時期の本丸大奥に準じる法度であり、このあとに改定される万治二年（一六五九）奥方法度に引き継がれる内容を含むので、以下に簡単に内容を踏まえておきたい。

慶安三年令の第一条には、「御台所御法度」とある。このように、西の丸の台所（大奥）に向けた取り決めである。本丸の奥方法度と基本的に変わるところはないが、火の用心に関する六か条が増えたところが新しい（後述。一四三頁）。内容は、広敷番之頭は八人で、一日一夜交替で宿直し、違反者を留守居番《るすいばん》二人に報告する（第一条）。悪事を企てる者の報告（第二条）。手形のない女の門の出入り禁止。ただし、家綱付の女中四人（近江・乳の人・さし・乙女）から広敷番之頭の番所へ手形を渡して断れば、夜中であっても通してよい、と緊急時の外出を許す方針が付帯された（第九条）。役人のほかは「奥の御台所」にきてはならず、家綱の留守中は掃除も無用とされた（第十条）。「奥の御台所」に伺候する奥医師（清水亀庵瑞室・奈須《なす》玄竹恒昌・数原《すはら》清庵宗和《むねとも》・坂上池院《じょうちいん》宗悦・河島周庵茂継・服部了伯順定《もとさだ》・伊達本覚《ほんがく》景次《けいじ》・笠原養琢宗印）以外は、用がなければきてはならず、そのほかの医師を召し寄せる時は留守居番二人から家綱付老中の阿部忠秋・松平乗寿に伺うこととされた（第十一条）。奥からの用事は、表使から広敷番之頭へ連絡する旨となっており、老女と表使の職掌の分化がみられる。

要するに、本丸奥方法度であれば留守居年寄が担当する職務を、西の丸では留守居番が担当している。留守居年寄は本丸勤務なので、西の丸では留守居番が留守居年寄の役割を代行したのである。具体的には、留守居番二人（宮崎時重・久松定佳《さだよし》）が本丸年寄（阿部忠秋・松平乗寿）の下で、番方（軍事職）のみならず、奥方御用を担当し、留守居番の下に傅役《もりやく》七人と同朋《どうぼう》一人が置かれて諸用を分担した。

このように、将軍世嗣の居所にあたる西の丸では、留守居番が留守居年寄の役割を担った。そこで、まずは留守居年寄の職務について確認しておこう。

留守居年寄の職務

留守居年寄は、もとは将軍の出陣時に臨時に設けられ、その留守を預かるのが役目であり、女中の守衛・取締り、証人（人質）の管理、兵粮の調達・運送などを担った（松尾美恵子「江戸幕府職制の成立過程」）。初期には譜代大名が任命されることもあったが、職制が整備されると、老中支配、役高五千石の旗本の役となり、大奥広敷向・女中方・御殿向のすべてを管掌し、年老を積んだ者が任命され、旗本の極官《きょっかん》（その身分で就くことのできる最高の役職）とされた。その格式は高く、奥向の番所では惣下座《そうげざ》にて迎えられた。五千石高の旗本の役でありながら、万石以上・城主の格とされ、長男だけでなく次男も将軍への目見えが許された。かつ下屋敷《しもやしき》を拝領することもできた（「柳営勤役録《りゅうえいきんやくろく》」。以下、同）。

職務としては、四つ時（午前十時頃）までに登城して、留守居年寄部屋で待機し、明け番の留守居年寄から申し送り事項を確認し、同道して錠口の内側の御広座敷で機嫌伺いをしたのち、表向の控所に出た。近世後期には、四つ時に登城してすぐに御広座敷に出向き、表使に機嫌伺いをしたのちに、表向の控所に行き、明け番と交替し、申し送り事項を確認するようになった。近世後期の絵図では、納戸口《なんどぐち》を上がって大廊下を右に進んだ突き当り、火之番所を廊下で挟んだ向かいに留守居の控所があり、ここで着替えや休息などをした。

日中は、表向の芙蓉《ふよう》の間《ま》へ詰めて、大奥の勘定や行事・普請の手配などを扱い、用事があれば大奥に出向いて諸用を済ませた。老中が下城する前に大奥に出向く際には、人目付と同朋頭にその旨を報告して退座した。留守居年寄が大奥に向かう際には、台所口から出て、奥と大奥との間にある仕切門の土戸を通過した。

一人ずつで泊り番がある。その始期ははっきりしないが、延宝六年（一六七八）に家綱の側妾の佐脇満流《まる》が懐妊しており、その対応の中で十一月十一日より留守居年寄一人ずつが大奥に泊り番をするよう命じられた。この時は、誕生にはいたらなかったが、この泊り番がその後も継続的に続けられたのかもしれない。同様に奥医師の泊り番も命じられたが、医師は御用があれば昼夜を問わずに召し出されることで定着している。

留守居年寄は交代で宿直を担当したため、宿直部屋が必要であった。初期の場所は特定できないが、中期以降は汐見坂の上、広敷向七つ口の前、多聞櫓《たもんやぐら》の際《きわ》にあった（図8。

九七頁）。ここには、泊番の留守居年寄の家来たちも詰めた。多聞櫓の内部に勝手があり、ここで弁当などを温めたという。十二、三畳敷が三部屋ほどある。ほかに月番役人の詰める座敷があり、大奥より毎日、蒸籠《せいろ》が届けられた。

留守居年寄の配下の与力・同心は、梅林坂《ばいりんざか》の番所に勤務した。二百石より以下、末々までの小普請《こぶしん》の者も留守居年寄の支配を受けた。三千石より九千九百石までの寄合支配や所どころの門番・寄合勤めの者は、留守居年寄より奉書をもって命じられており、留守居年寄の職務は大奥に留まるものではなかった。

留守居年寄の誓詞

幕末の例になるが、元治元年（一八六四）に旗本の戸川安清（五百石）が留守居年寄に就任した際の役職誓詞が残されている（国立公文書館蔵）。牛王法印《ごおうほういん》という神符を用い、老中五名に宛てて五か条が誓約された。その内容をみれば、留守居年寄の職務の本質がどこにあったかがわかる。

1．このたび、「御留守居御役」を命じられたので、公儀を重んじ、（将軍の）御為《おため》第一を考えて奉公に油断しないこと。相役（留守居年寄）はもちろん、御一門をはじめ、諸大名・諸傍輩たちと、御為に対する悪心を申し合わせて一味しないこと。

2．女手形《おんなてがた》の件は、心の及ぶほど念を入れること。

3．女中向・御内証の件はいうまでもなく、御隠密《おんみつ》の件を一切他言しないこと。

4．拝命した「御役」は、すべて油断なく差配する。そのほかの御用について、親子・兄弟・知音《ちいん》のよしみ、または仲の悪い者であっても、依怙贔屓《えこひいき》をせず、諸事相談の際は心底残らず存念を告げ、そのうえで私的な申し立てをせず、多い方の意見を取り入れて御為よきようにし、決定したことを陰で何かと取り沙汰しないこと。

5．女中方・所々の御番など、これまで命じられた御法度の趣を堅く守ること。今後、命じられる御条目や壁書《かべがき》などがあれば、同様に守ること。この旨を与力・同心、召使いの下々まで入念に命じること。配下の者に万一不作法、または御法度に背く者がいれば、厳重に報告すること。たとえ、仲間であっても不作法があれば、これも報告すること。

付《つけ》たり、御為のことを相役の面々と悪く言わないこと。

第三条にあるように、留守居年寄は女中の件だけでなく、奥向における「御内証」や「御隠密」のことを扱うことが大前提となっており、その機密を外部に漏らさないことを誓約した。ゆえに、こうした機密を扱う留守居年寄が、反将軍勢力と結託（「一味」）しないことを第一条で誓約した。なお、第三条にある「女手形」とは、女が街道の関所を通過する際に必要となる関所手形のことである。

留守居年寄は、大奥の年中行事でも重要な役割を担った。年明けの掃除始め、二月の豆ばやし（節分）、三月の雛飾り拝見、年末の煤払いでは、広敷番之頭を同道して御殿向にある対面所まで入った。ここは幕末の図でいえば、上《かみ》の御鈴廊下《おすずろうか》と下《しも》の御鈴廊下の間に位置する部屋である。留守居年寄は、医師の次に御台の住居近くまで入ることができた。これら女中方のことに加え、第五条にあるように所どころの御番、つまり各門を管轄した。留守居年寄の支配下に置かれた諸職は巻末の江戸幕府職制図を確認してほしい。

留守居番の創設

留守居年寄を補佐する留守居番が創設された時期については、諸説がある。寛永九年（一六三二）十月八日に永井勘九郎吉勝が「御奥方の番頭」となり、正保元年（一六四四）七月十四日に没した（『寛永伝』『寛政譜』）。これが留守居番の前身の職のようである。『柳営補任《りゅうえいぶにん》』などでは、寛永十九年二月五日に初めて奥方留守居番三人（筒井内蔵忠重・永（長）井五右衛門吉勝（次）・松平庄左衛門昌吉）が置かれたとするが、これは検討を要する。

留守居番設置で確実なのは、寛永十九年二月五日に小納戸の宮崎時重と大番組頭の松平昌吉の留守居番就任である。さらに同年三月十二日に長井吉次が大番組頭から、同年五月五日には筒井忠重が納戸番頭から留守居番に任命された。長井の後任とされる小野高盛は、慶安元年（一六四八）三月十二日（異説十三日）に留守居番に就任したとされるが、日記などで確認できない。小野の後任の山本正直は小納戸から転じ、承応三年（一六五四）五月二十三日から寛文二年（一六六二）まで留守居番を勤めた。久松定佳の任命時期は不詳だが、宮崎と久松は慶安三年九月三日に西の丸の家綱付に転じた。既述の「御内証方御条目」でも、留守居番として西の丸における留守居年寄の役割を担うよう定められていた。

明暦二年（一六五六）に筒井が没し、その後任として八月一日に天野康世が西の丸裏門番から留守居番に転じた。万治元年（一六五八）五月には久貝正信が小姓組から留守居番に転じた。よって、万治二年に奥方法度が制定された段階での留守居番は、就任順に宮崎時重・久松定佳・山本正直・天野康世・久貝正信の五人であり、以後、五人の留守居番を置く五番体制で定着する。享保八年（一七二三）には役高が千石高と定まった。留守居年寄の五千石に対して五分の一であり（二の丸は七百石高）、俸禄の格差はあったが、留守居年寄と同じく老中支配に置かれた。

留守居番の職務

「柳営勤役録」によると、留守居番の職務は次の四項目としている。

1. 汐見坂番所を配下の与力・同心に勤番させる。
2. 日中は大奥御玄関内の部屋に詰めて、奥向の御用を担当する。
3. 夜は交替で、玄関外の留守居番部屋に泊り番をする。
4. 女中の外出の際に、輿《こし》の供を担当する。

汐見坂は二の丸と大奥とをつなぐ坂道で、坂を上った所に汐見坂番所がある。これを与力・同心に守衛させ、留守居番自身は、日中は大奥広敷台所玄関内の詰所（中の間。図9。一三四頁）に詰めた。

『明良帯録《めいりょうたいろく》』にも同様の説明があるが、職務は「隊卒を率いて宿衛し、非常の節は御広敷まで相越し、御用を承《うけたまわ》る。この場は御留守居に続いて奥向に拘《かかわ》るなり」と説明する。要するに、留守居番の基本は番役であり、日中は表向の芙蓉《ふよう》の間《ま》に詰めて大奥には不在となる留守居年寄の助役として、大奥の玄関を上がった所の部屋に詰めて勤番した。役職としては、寛永期後半から現れ、万治二年（一六五九）の奥方法度から、留守居年寄に次いで奥向に関わる職という位置づけが明確化されるようになる。

留守居番の部屋は、次のように説明される（「柳営勤役録」）。

一、御広敷七ツ口の前、御多聞《たもん》の際《きわ》、御留守居年寄衆部屋と並て部屋有り、昼は大奥御玄関の内に詰所有り、是に詰め、又は部屋へきたり、泊り番は別部屋也、家来共次之間に相詰る、諸事御留守居年寄と同じ、部屋少々狭き斗《ばかり》なり、御留守居年寄勿論、御留守居番も毎日大奥より蒸籠出る也。

図8のように、近世後期には留守居年寄と留守居番の部屋は、汐見坂門から切手門《きってもん》に向かう途中の空間に隣接しており、ここに宿直した。なお、宝永頃（一七〇四～一一）の大奥を描いたとされる江戸城図（東京都立中央図書館蔵。カバー）では、すでにこの空間に

「御留守居部屋」と「与力番所」が描かれているが、留守居番の部屋はまだ確認できない。

留守居年寄と留守居番の配下の与力・同心は、譜代席として世襲が許されており、老人・幼少・病気になれば小普請に入れられた。

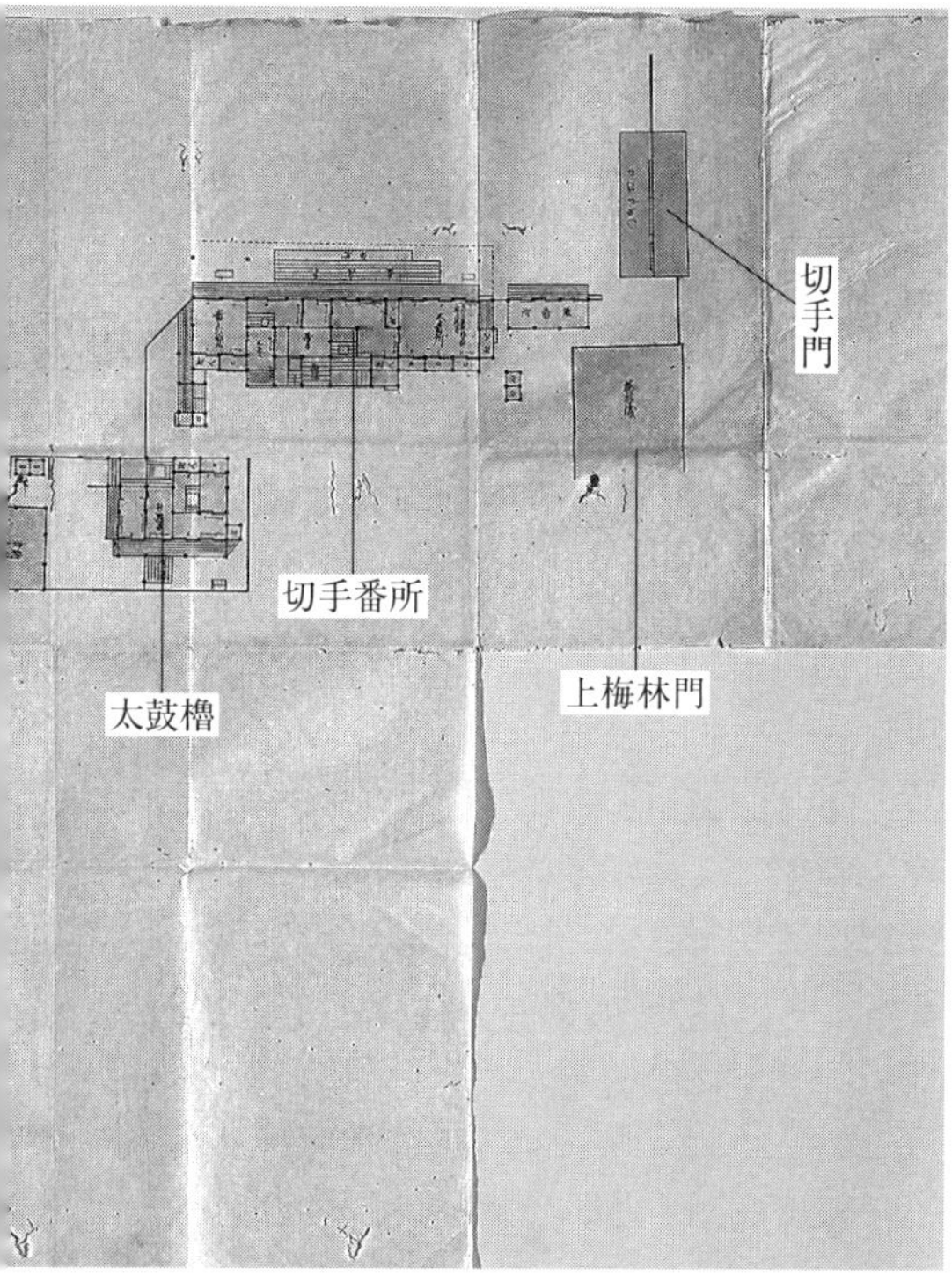

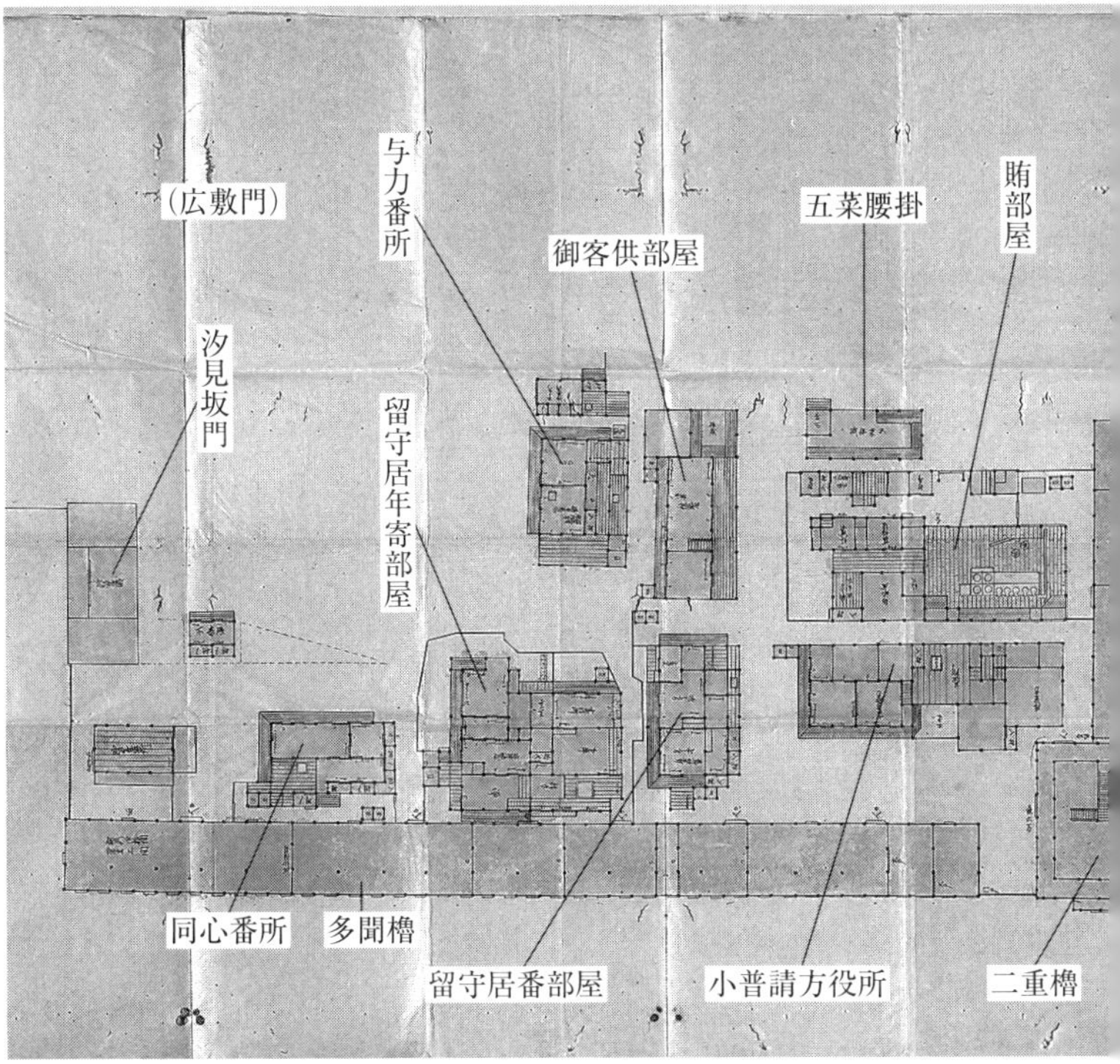

図８　汐見坂門から切手門までの各部屋の並び
(「御切手門内絵図」，国立歴史民俗博物館所蔵)

四代将軍家綱と大奥

万治二年奥方法度

慶安四年（一六五一）四月二十日に、三代将軍家光が没した。世嗣の家綱が四代将軍を襲職し、西の丸から本丸へと移り住んだ。この時、家綱は数えの十一歳だった。それから五年。家綱も十六歳となり、婚儀が進められることになった。明暦二年（一六五六）末には、新年早々から新妻を迎えるための「御座之間《ござのま》」を本丸大奥に造営する予定が関係筋に伝えられたが、明けて正月十八日にいわゆる「明暦の大火」となり、本丸が全焼する事態に陥った。そのような状況下にあったが、婚儀は予定通り進められることになり、四月五日に伏見宮貞清親王の娘の浅宮顕子は京都を発ち、同月二十三日に江戸に着いた。家綱の伯母の天樹院（徳川千、秀忠長女）の屋敷に迎えられ、七月十日に西の丸に入って婚儀となった。その後も、家綱・顕子夫妻は西の丸で過ごし、万治二年（一六五九）九月五日に新造された本丸に入った。それまで「姫宮様」「姫宮御方」などと呼ばれていた顕子は、当日より「御台様」と呼ばれるようになった（「江戸幕府日記」）。

これに合わせて、万治二年九月五日付で、奥方法度十九か条が発令された（以下、万治二年令とする）。これまで第一条に「御台所御法度」とあったところが、今回は「御奥方御法度」に変更された。久々に御台が誕生したことで、「御台」号と「御台所」（大奥）の混乱を避けたのかもしれない。

大奥の主人は将軍

とはいえ、秀忠の本妻の浅井江が没し、さらに家光の本妻の鷹司孝子が大奥を出てからは、江戸城本丸は御台不在となり、将軍家光付、さらに家綱付の女中が大奥を差配してきた。そこで今回、御台が誕生したことにより、大奥の主人として御台が位置づけられたのかといえば、そうはならなかった。これ以後も、大奥の主人は将軍であり、家綱付の女中が大奥を差配していく。

というのも、万治二年令第四条では、次のように定められた。

一、奥方御用の儀、近江・岡野・おさし書付を以て、御表使へこれを渡し、十人之番頭当番へ相達し、御用調えるべし、但し、三人の女中有り合わさざる時は、二人にても書付を出さるべきこと。

奥方御用は女中三人（近江・岡野・さし）が書付を表使に渡し、表使が広敷番之頭の当番に伝えて調えるよう指示系統が具体化されるとともに、女中三人が揃わない時は二人でも構わないとする柔軟な対応が取り決められた。この女中三人は、慶安三年（一六五〇）令にもあったように、家綱誕生から仕えてきた女中たちであり、顕子付の女中ではない。要するに、晴れて御台が置かれたことで、真の意味での奥方が江戸城本丸に成立したのだが、それまでと同様に大奥の主人は将軍であり、家綱付の女中が大奥を差配した。そして、将軍付老女が大奥女中のトップに位置するという体制は、この後のいずれの将軍の場合にも引き継がれたのである。

広敷番之頭の職務

万治二年（一六五九）令では、広敷番之頭は十人に増えた。一日二人ずつが宿直して奥方の監視を担当し、問題があれば留守居年寄に言上し、留守居年寄四人が不在の際は、五人の留守居番に相談するようにと取り決められた。また、役人のほかは「奥の御台所」に来させてはならず、広敷番之頭の番所より奥へ男を一切出入りさせてはならないとしたのは従来通りである。医師の召し寄せに関しても、四人の留守居年寄と十人の広敷番之頭が相談するとしたのは従来と同様だが、留守居年寄が不在時には五人の留守居番の当番に相談することになった。慶安三年令において、西の丸では留守居番が留守居年寄の役割を代行したことをみたが、今回は留守居年寄の仕事のうち、番方の補助的役割をすることが明確化された。

なお、万治二年令第一条には人名が具体的に書かれており、条文からはこれが広敷番之頭だとは判明しないが、既出の第四条に「十人之番頭」とあることや、この十人の履歴からは広敷番之頭であることが明白である。後述するように、第一条が人名ではなく役職名で記されるようになるのは享保六年（一七二一）の奥方法度からになるが、ここで「番《ばんの》頭《かしら》」という職名が法度内に明記されるようになった点は変化の一つといえる。

そこで、広敷番之頭の職務をまとめておこう。『明良帯録』では、次のように説明する。

1．留守居支配、役料は二百俵・普請掛十人扶持の格式。

2．一日一夜ずつで勤番して違反者を報告する。違反者に忖度して報告を遠慮すれば、用人《ようにん》および広敷番之頭の落度《おちど》とする。

3．留守居年寄の配下の組下・伊賀《いが》・下男《しもおとこ》は入口〆戸《しめど》番と心得て、役人以外を「奥の御台所」に来させてはならず、広敷番之頭の当番所より奥へ一切入れてはならない。ただし、男子は九歳までは、〆戸の内へ入れてよい。

4．大奥の諸用は、老女（「年寄女中衆」）の書付を表使から当番の広敷番之頭に渡して諸事を調える。老女が揃わなければ、一人の書付でもよい。

5．定められた医師のほかは、御広座敷（「御広敷」）まで来ることができないので、医

表4　奥方法度中の広敷番之頭

年	人数	氏　　名	泊り番
元和4年(1618)	3	天野孫兵衛・成瀬喜右衛門・松田六郎左衛門	1人宛
元和9年(1623)	3	竹尾四郎兵衛・筧助兵衛・松田六郎左衛門	1人宛
慶安3年(1650)	8	牧野助兵衛・鈴木杢之助・柳沢孫左衛門・伊藤新五左衛門・水野長左衛門・高野惣兵衛・多田三八郎・久保五郎兵衛	1人宛
万治2年(1659)	10	宇津野九郎右衛門・中根仁左衛門・柳沢孫左衛門・山鳥三左衛門・長田理兵衛・鈴木杢之助・横山藤左衛門・大久保金兵衛・伊藤新五左衛門・本多十蔵	2人宛
貞享元年(1684)	10	松平所左衛門・河野三左衛門・間宮孫太郎・本多九右衛門・太田助之丞・嶋藤左衛門・渥美三郎兵衛・富永喜三郎・小林吉太夫・宇津野作之丞	2人宛
享保元年(1716)	15	大草甚三郎・長次郎九郎・日向八郎右衛門・西山太郎兵衛・三沢庄兵衛・筒井七郎右衛門・筧新三郎・加藤一学・野沢源左衛門・宮川清九郎・本多金五郎・桜井七右衛門・鈴木六右衛門・堀江源之丞・小林金十郎	5人宛
享保6年(1721)	9	広敷番之頭	3人宛

師を呼ばねばならない時は、老女より留守居年寄に相談し、当番の広敷番之頭に書付をもって断り、広敷番之頭が部屋に連れていく。相部屋の女中は部屋から出すこと。

6．大奥で普請があり、大工や人足を通す場合は、留守居年寄へ断り、指図を受けたうえで通すこと。

7．火の元は、火之番二人に一夜ずつ勤番させ、灯燈やぼんぼりのほかは止めさせること。

8．非常時には、老女に留守居年寄と広敷番之頭が同道して奥方に行き、諸事を差配すること。非番の広敷番之頭は、梅林坂下まで詰めること。広敷添番も同様とする。

奥方法度で定められた規定のほとんどが、実は広敷番之頭が専管とすべき職務であるとわかる。なお、『明良帯録』では広敷番之頭を六人とするため、同役の定員を六人と説明した文献が多いが、表4のように時期により人数は変化するので、注意が必要である。また、7にある火之番については、後述（一四三頁）する。

切手番之頭の職務

広敷番之頭は、広敷向に設置された下の錠口の出入りを監視した。これに対して、城外から大奥に入るための最大の関門である切手門において、一切の出入りを監視した責任者が切手番之頭《きってばんのかしら》である。留守居支配で、役料は四百俵、表向の殿席は焚火の間《たきびのま》、同心十九人を付けられた。

これまでの奥方法度では、女中の出入りは「手判」を改めること、および暮六つ時を過ぎれば、門外に出入りをさせてはならないと取り決められていたが、改めをする場所、または出入りを禁止された門がどこなのかは明示されていなかった。

ところが、万治二年（一六五九）令第二条では、次のように条文が明確化された。

一、切手御門之儀、申刻以後は出入有るべからず、勿論手形なくして女上下共に一切通すべからず、但し、拠《よんどころ》なき子細あらば、申刻以後たりといふとも、近江・岡野・おさし手形相添え候はば通すべし、暮六つ過ぎにおいては、たとえ手形のうえ、断り有るとも、通すべからざること。

付り、夜中に自然御用あらば、近江・岡野・おさし、この三人の内より十人之番頭当番へ手形をもって相断るべし、切手御門の外の御門は、五人の御留守居番へこれを申断り、御留守居番より久世大和守《広之》・内藤出雲守《忠由》・土屋但馬守《数直》、この三人の内、当番の差図を請け通すべし、切手御門は五人の御留守居番当番へこれを申し断り、そのうえ、御留守居より切手御門番頭へ相断り、通すべきこと。

このように、「手形」を改める場所は切手門と明記された。申刻《さるのこく》（午後四時頃）以降の出入りは不許可と門限が早められ、昼間であっても「手形」のない女は、身分の上下に関係なく一切が通行禁止であった。ただし、門限後の外出は、女中三人（老女、近江・岡野・さし）の「手形」を添えれば通してよいが、暮六つ時（午後六時頃）を過ぎればたとえ「手形」を所持していても通してはならない、と定められた。

今回はさらに付帯条項が増え、将軍の命令（「御用」）であれば、老女三人から十人の広敷番之頭の当番に「手形」を渡せば通してよく、切手門を出た先の門（平川門・竹橋門など）の通行に関しては、五人の留守居番の当番に伝えて、留守居番より側衆《そばしゅう》（久世・内藤・土屋）の当番から差図を受けて通し、切手門の通行は留守居番の当番に断りを入れ、留守居年寄から切手門の切手番之頭へ断りを入れて通すことと取り決められた。

老中が御用部屋を退出したのちは、奥向のことは奥向役人の長である側衆が担当することになっており、側衆には泊り番があった。夜間の通行に関して、奥にいる側衆と大奥にいる老女・広敷番之頭・留守居番・切手番之頭・留守居年寄が、相互に連携して処理していたことがわかる。

また、第九条では、長持《ながもち》・櫃《ひつ》・葛籠《つづら》の出入りは十貫目（約三七・五キロ）以上であれば蓋を明けて確認すること、とされた。この改め場所も、広敷向の錠口と説明した文献があるが、これは切手番之頭の職務なので、切手門で改められたと正しく理解する必要がある。

門番処罰事件

この門限がどれくらい厳重だったのかという点について、ある事件を紹介しておこう。万治二年（一六五九）の奥方法度から十七年がたった延宝四年（一六七六）五月十八日に、門の出入りをめぐって次のような不祥事への処罰が命じられた（『朝林《ちょうりん》』）。

去る四日に「御城女中」が病気で宿下がりをした際に、小人《こびと》六人が道具を宿まで運び、日暮れ過ぎ、つまり暮六つを過ぎて戻ってきた。老女（「奥女中御年寄衆」）からの「断り」が各門に届いていたため、門番は小人を通行させた。

しかし、奥方法度では、切手門は六つ過（午後六時以降）であれば一切通行は不可と定められていた。切手門の外の門も同様であった。門番はこれに違反したということになり、平川門当番の布施孫兵衛、梅林坂門当番の筧新兵衛、切手門当番の森川伝右衛門の三人が閉門《へいもん》を命じられた。三人の同役たちも右の処罰を老中から伝えられるとともに、夜間の出入りは側衆の「断り」が必要である旨の念が押された。

次に、女中の駕籠《かご》舁きとして出かけた小人九人は、夜になって戻ってきた。当然、切手門は閉まっているから、表側に廻って大手門から入ろうとした。その際に、大手門番から百人番所《ひゃくにんばんしょ》の張番所に、目付からの「断り」が届いているかを尋ねたところ、よく調べもせずに「断り」はないと返答して通さなかった。これが大問題となった。実際には、夜であっても門を通してよい旨の「断り」が目付から届けられていたからである。

これが将軍家綱から不注意（「不念」）と判断され、渡部図書組百人番所の与力一人が扶《ふ》持《ち》の召し放ちとなった。そのほか、当番の与力五人・同心六人は、組頭の渡部図書によって処罰され、図書も不調法なので将軍家綱への目通りを控えるように、と老中から申し渡された。これしきのことでと思うが、まさに大騒動となったのである。

騒動の元凶となった小人とは、目付支配の五役（中間《ちゅうげん》・小人・黒鍬者《くろくわもの》・掃除者・駕籠者）の一つである。大奥に配置された小人は、女中や奥向役人が出入りする際の供や玄関・中の口などの警衛、各方面への使い、用品の運搬などを扱った。大奥に関わる小人たちが、平川門ではなく大手門に廻ったのは、右の処罰に示されるように、切手門は六つ時を過ぎれば出入りが一切不可だったためである。特例的に側衆以下の許可を得れば可能だったにせよ、かなり面倒だった。一方、大手門からであれば、支配頭である目付の「断り」があれば夜間でも城内に入れた。小人たちは奥と大奥の間の土戸を通ることができたから、こちらから入って大奥に空《から》の駕籠を戻すつもりだったのだろう。ちなみに、延宝四年（一六七六）七月十四日には、家綱付老女の岡野が没した。日頃から腫物《はれもの》を病んでいたというので、宿下がりをした病気の女中とは岡野のことだったのかもしれない。

平川門の出入り

さて、家綱期のことから外れることになるが、ここで各門の出入りについて検討しておきたい。まず、外部から大奥に入るまでの各門の関係については、御庭番《おにわばん》だった川村帰元が、明治二十五年（一八九二）に次のように回想している（『旧事諮問録《きゅうじしもんろく》』）。

それに切手門と申すのがございまして、只今の平河門《ひらかわもん》を入りますと、下梅林門、上梅林門、それから御切手門。御広敷の門の外は、表への往来になっておりますが、表を勤める者は役によって平河門は通れませぬので。御広敷を勤めます者は、平河口を勝手に通りますが、御小姓・御小納戸といえども平河口は通れませぬ。それに切手門では何でも改めます。平日は両扉を明けずに耳門《くぐり》ばかりを明けておきます。女はそこに切手を出さなければ出入りともに出来ぬのです。外から参った女は、そこに断わりが廻っておらねば、入ることも出来ぬのです。それですから、始終あすこに待っている女が沢山いました。

要するに、大奥の広敷向に勤務する男の役人は平川門を自由に通過できたが、奥に勤める奥向役人であっても、小姓や小納戸は平川門を通過できなかった。さらに、下・上の梅林門を通過した先にある切手門では厳重な改めがあった。平日は門を閉じており、脇のくぐり戸から出入りをさせたが、「断わり」が切手門に届いていないと入ることができず、「断わり」が届くのを待った女たちが切手門付近に群がっていたという。

とすれば、平川門は、日中は不審な様子がなければ、女であれば比較的自由に通行できたことになる。平川門が女の通用門といわれている所以《ゆえん》である。逆に、大奥に関係のない男は、平川門で通行止めにあっていたのである。平川門が造られたのは寛永十二年（一六三五）頃とされる（西ヶ谷恭弘『江戸城』）。

津軽家の差し止め

大奥研究の第一人者である松尾美恵子が紹介した事例だが、享保八年（一七二三）九月に陸奥《むつ》弘前津軽家《ひろさきつがるけ》では、参勤交代で藩主が発駕する際に差し出していた大奥老女（「大奥御年寄」）への手紙が、平川口で差し止められた。それまでは、平川口まで津軽家の広敷番が手紙を持参し、五菜男《ごさいおとこ》（大奥女中の使用人）に取次を頼んでいたのだが、突然拒否されたのである。その理由は、老中・留守居年寄から出た書付の中に、津軽家の名前がなかったためであった（「将軍御台所近衛熙子（天英院）の立場と行動」）。

津軽家では二代藩主の信枚《のぶひら》に、家康養女の満天《まて》（水野康元の娘）が嫁いでいた。また四代藩主の信政《のぶまさ》の妻は、増山正利の娘不卯《ふう》であった。正利は四代将軍家綱の生母である楽《らく》の弟であり、不卯は家綱とは血縁関係では従妹《いとこ》になる。そのため、大奥への登城や女使《おんなづかい》を派遣して大奥と交流ができた。不卯は延宝元年（一六七三）五月二十九日に没し、不卯の出生子で五代となる信寿《のぶひさ》が宝永七年（一七一〇）十二月十九日に没すると、将軍家と津軽家との縁戚関係は希薄とならざるをえなかった。それゆえ、享保八年段階で津軽家は大奥と交流できる家のリストからはずされてしまったのだろう。

この事例からは、大奥と実質的に交流を続けていた大名家であっても、男は平川口を通ることができず、通行証の門札を持っている五菜男に文の取次を頼んでいたこと、平川門には大奥と交流できる家のリストがあり、物品の通過であろうと、平川門で厳しい改めを受けたことがわかる。

田安門・竹橋門・清水門の規定

江戸城を守衛する各門には、通行者の制限が設けられていた。たとえば、田安門《たやすもん》・竹橋門《たけばしもん》・清水門《しみずもん》は、宝永七年（一七一〇）十一月に次の役職者であれば通過させてよいと取り決められた（『御触書寛保集成《おふれがきかんぽうしゅうせい》』八三九号）。

老中　越前守（間部詮房《まなべあきふさ》）若年寄　側衆　奥向之面々　奥医師　留守居年寄　大目付　小人目付
火消先手　目付　使番《つかいばん》　西丸役人　小普請方　紅葉山役人《もみじやまやくにん》　花畑役人　徒目付《かちめつけ》

六代将軍となる家宣《いえのぶ》は、宝永四年十二月に将軍世嗣に定められ、西の丸に入っていたため、側用人の間部詮房が老中に次いで名が記された。紅葉山役人とは、歴代将軍の御霊屋《おたまや》のある紅葉山を管理する役人で、火之番・坊主・六尺・掃除之者などの役があった。花畑役人とは、吹上御苑《ふきあげぎょえん》の庭師のことである。右以外では、火事・地震で出仕する役人、用向があり断りが門に届いている者は、昼夜に限らず通してよいが、このほかは一切通しててはならない、とされた。

つまり、門によって通行できる役職名が多少は異なったのかもしれないが、老中や若年寄など幕府の要職にある者は問題なく各門を通過できた。また、延宝四年（一六七六）の門番の処罰事件で確認したように、臨時の通行は関係筋からの断りが届いていれば、昼夜関係なく通してもらえたのである。

西の丸裏門規定

こうした諸門に比べて、切手門は特別に厳しい取り決めがあったとみられる。ただし、これまでみた奥方法度では、女の出入りに関しての規定はあったが、男の出入りをどのように規定していたのかはよくわからない。そこで、寛永四年（一六二七）八月十六日に定められた西の丸の裏門規定から、通行制限の基本的な考えを類推してみたい（「教令類纂」初集二十一、御門之部）。

覚

①一、御裏御門の出入りは、御書立《かきたて》のほかは一切通してはならないこと。

②一、下々が「無札」であれば、すべて通してはならないこと。

③一、御本丸・西の丸より、御用のための使者が誰から参ろうとも、「無札」であれば改めて人を付け、「御台所御番所」まで送り届けて、その旨を伝えること。

④一、西の丸御年寄衆より急用につき使者がきた時は、「無札」であれば人を付けて、

「御台所御番所」まで送り届け、これまたその旨を伝えること。

⑤一、酉刻巳後は、一切出入り不可。ただし、御本丸より御用の使者ばかりは通すので、見知らぬ者であれば人を付けて「御台所御番所」まで送り届け、その旨を伝えること。

寛永四年（一六二七）であれば、本丸が将軍夫妻（家光・孝子）の住居であり、西の丸は大御所夫妻（秀忠・江）の住居であったが、この前年に大御台の江は没していた。そのため、大御所秀忠のみが西の丸に暮らしており、大御台不在という状況下で西の丸の裏門規定が取り決められたことになる。

まず、裏門に置かれた「御書立」に、職名あるいは個人名が確認できない者は一切通行不可とされた（①）。また、その使用人（「下々」）の場合は、「札」がなければ通行は不可とされた（②）。つまり、門札が必要であった。

さらに、本丸・西の丸のいずれからであろうと、「札」を持たない者が来訪した際には、改めて監視人を付けて、広敷台所にある番所（「御台所御番所」）に送り届け（③）、秀忠付の西の丸年寄から急用の場合も同様とし（④）、酉《とり》の刻《こく》（午後六時頃）以降は一切通行不可だが、本丸（家光）からの御用の使者のみは通すので、見知らぬ者であれば人を付けて広敷台所の番所まで送り届けること、とされた。

このように、裏門に書立を置いて男の通行者を管理したことは、そのほかの門と同様だが、通行証などは必要なく、顔パスであった。身分の低い使用人は門札が必携であったが、緊急の場合は裏門番から広敷番之頭まで監視人を付けて送り届けた。西の丸の表御殿玄関は吹上門《ふきあげもん》方面に向いており、本丸からの連絡は裏門から入る方が近かったため、将軍からの使者が無札のまま裏門から入ろうとしたのかもしれない。以上の内容から、裏門の出入り改めの基本的な考え方および方法がわかる。つまり、裏門を通過できる男は、書立に名前がある役職者、門札を持った使用人に限られた。

これから類推すれば、おそらく切手門も、書立に職名や人名が書かれている役人であれば顔パスで通過できたが、それより身分の低い用達商人や女中の私的な使用人である五菜男は門札を持ち、平川門を通り、切手門の改めを受けて、ようやく広敷門まで来ることができたのだろう。

門札の発行手続き

切手門の通行を恒常的に許可する場合に渡された門札には、留守居年寄全員の判が押され、裏面に通行者の名前とその同行者の人数が記された。

大工頭《だいくがしら》の鈴木家では、毎年正月になると、おのおのの門に判鑑《はんかがみ》を届け出た。判鑑とは、印鑑の真偽を照合するための見本のことで、あらかじめ提出しておくべきものである。古くは紙に印判を押し、張り紙としていたが、延宝五年（一六七七）からは木に焼印を押した判鑑に変更した。その理由は、紙は擦り切れて判形《はんがた》がみえにくくなるからだった。ところが、これまでは判鑑には当番の名前と人数が書かれていたのに、今回の木製の判鑑にはそれがなかったことから、当番の目付から誰が通ったかが不明なので焼印の判鑑の裏に名を書き付けて寄越すように、と指摘された。そこで、鈴木家では、焼印の判鑑の裏に、「小普請当番御被官弐人・上下《じようげ》四人宛、壁改弐人・上下三人宛、瓦改弐人・上下三人宛、御手大工頭弐人・上下弐人宛、御手大工頭子壱人・上下弐人宛」と書いて提出した。具体的な名に関しては、当番は毎年変わるため、そのつどに判鑑を取り替える必要が生じるとの理由で、別紙に当番被官、そのほか、門を出入りする者の名を書いた書付を各門に届けておくことにした。各門を通行する際には、鈴木家で作った判を押した判鑑札を持参し、これと各門に預けている判鑑とを照合した。

各門に届けられた判鑑は十九枚から、多い時で二十一枚に及んだ。具体的な門名は不明ながら、江戸城の城内門は六十門といわれるので、その約三分の一にあたる。その内、切手門の通行だけは、鈴木家で準備した判鑑札とは別に門札が必要だった。これが「切手札」「御門札」「御裏御門札」「御裏御門木札」「御裏御門出入の木札」と呼ばれる切手門専用の門札である。例年三月頃に改められたようだが、留守居年寄が役替えとなると新しく作り直した門札が渡された。留守居年寄からその旨の連絡があると、古札の写しを提出し、新札ができると古札と取替えになった。

たとえば、元禄八年（一六九五）五月十四日に北条氏平が側衆より留守居年寄に就任すると、大工頭の鈴木家では六月十三日に、留守居年寄の中根正朝の屋敷に次の十三枚の切手門札を申請して、中根の屋敷で新札を受け取った。その内容は、次の通りである。

札三枚　内弐人札二枚・壱人札壱枚　鈴木長兵衛（大工頭）

同　片山三七郎（組頭）

同　鈴木与次郎（組頭）

札二枚　上下四人札一枚宛　小普請当番御被官二人

札二枚　上下二人札一枚宛　御手大工頭二人

同年二月十八日には中根正朝が大番頭から留守居年寄に就任しており、その際にも同内容の切手門札十三枚を改めてもらったばかりであった。

こうした門札は大奥へ出入りをする男性のみならず、大名家の使者として登城する際の女中にも必要であった。たとえば、桜田屋敷に居住していた甲府松平綱重（家光次男）は将軍家綱の実弟として大奥と頻繁に交流していたため、八枚の女中用の門札（「女中衆御城裏御門出入之木札」）を支給されていた（「甲府日記」）。

恒常的に切手門の出入りを許可する門札に対して、臨時の通行に必要だったのが切手である。奥方法度には、「手形」「手判」と出てくるが、切手門は切手（通行証）を改める門なので、これは切手のこととして以下では進める。幕末の事例になるが、大岡ませ子は、切手について次のように説明している。

切手（手形・手判）の発行手続き

まず、切手門の出入りには、当番の切手番之頭に宛てて「誰部屋幾人」と書いた切手を切手書の女中に書いてもらい、使番の女中が広敷番之頭に持参する。これを広敷添番が留守居年寄の調印をもらいに留守居部屋の物書《ものかき》のところへ持参する。黒印を押してもらって使番に戻し、使番から部屋方（女中の使用人）に渡す。切手が必要なのは、いずれも「又《また》者《もの》」（部屋方）で、私用に限る。切手は出る時に切手箱に入れたまま切手門に置き、帰りに箱だけもらって帰る。切手門では残った切手をとりまとめて、留守居部屋に返還する。

通常の切手には、女中部屋の名前と人数を記し、留守居年寄の黒印が据えられた。別の記述によれば、通行する日付も書かれていた。なお、切手が必要なのは部屋子に限るというのは、御城女中は大奥を出ないことが原則だからだろう。公用で外出する場合や宿下がりをする場合は、事前に関係筋への届けが必要とされたため、別の手続きで処理された。

切手は切手門を出る際に、切手門に置いて出た。当日の出入りであれば、切手門で「上がりでございます」というと左手に判（黒肉の丸い判）を押してくれるので、帰ってきて門を入る時にはその判をみせて通る。袖口などで判が薄れることもあるが、それを証拠としなければならない。宿泊を伴う場合や臨時に外から入る時は、打ち合わせておいて、新しい切手を切手門まで廻してもらう必要がある。

切手門の通行手続き

以上から、切手門の女の通行手続きは次のようにまとめられる。

1. 日中の外出は、単発・臨時の通行は切手（手判・手形）が必要。
2. 女中部屋名・通行人数・日付を書いた切手には留守居年寄の黒印が押された。近世後期には、切手書→使番→広敷番之頭→広敷添番→留守居年寄書役→広敷添番→使番→部屋方→切手門番と切手が渡され、最終的には留守居部屋で保管された。
3. 申刻（午後四時頃）を過ぎれば通行禁止だが、公用・私用を問わず、老女の断りを書いた手形を添えれば通行できた。
4. 暮六つ（午後六時頃）を過ぎれば、一切通行禁止。ただし、夜間緊急の場合は、老女から泊り番の広敷番之頭に断りを入れる。当番の留守居番から当番の留守居年寄に伝え、切手番之頭に連絡して通す。切手門以外の門は、当番の留守居番から当番の側衆に連絡して差図を受ける。

このように、近世初期から幕末にいたるまで、女の出入りは切手門で厳しい改めを受けた。なお、宝永頃（一七〇四～一一）の作成とされる江戸城図（東京都立中央図書館蔵）では、大奥玄関を入った土間のすぐ右脇に切手番所が設けられている。この時期にはこの場所でも改めがあったのかもしれないが、奥方法度に定められた改めの場所とは切手門の番所のことであり、これは幕末になるまで変化はなかった。

「通り御判」の威力

門札や切手とは別に、「通り御判」という通行証があった。深夜であろうと、いかなる城門も通過できるオールマイティの通行証である。主に大奥に用いられるもので、将軍家から降嫁のあった大名家に渡された。つまり、急御用のための通行証であった。仙台藩士の小野清が仙台藩で実際に起きた例として紹介した逸話を要約すると次のようであった（小野清『史料・徳川幕府の制度』）。

弘化・嘉永年間（一八四四～五四）の頃。ある日、陸奥《むつ》仙台伊達家の老女某が「奥女使」として御台様の御前に出仕し、御簾《みす》を隔ててお使いの旨を言上した。大奥老女が応対し、中臈《ちゅうろう》やそのほかの女中も列座していた。たまたま御台様よりお尋ねのことがあり、仙台老女が「唯々（うんない）」と返答した。これは仙台方言で「唯々（はいはい）」という意味だったが、御台様はじめ老女以下もその言葉の意味を理解できなかった。再び御台様からお尋ねがあり、仙台老女は返答に窮し、ただ赤面恐縮するだけだった。しばらくして、「御台様より、陸奥どのにはよくわかる者を差し出さるるように」とのご内旨であると伝えられた。仙台老女は恐れおののいて急ぎ退出し、藩邸に報告した。ことは重大であり、一刻も猶予は許されないと判断された。

ここにおいて、筆頭老女歌島（小野清の祖母）は即座に主君陸奥守慶邦の命を奉じ、「通り御判」を携帯し、駕籠を飛ばして平川門より下梅林門・上梅林門・切手門・広敷門を経て通行したが、各門番士の待遇はいずれもきわめて丁寧であった。かくして深夜大奥に登城し、伊達家担当の老女に会って御台様のお尋ねの旨を承り、ことを円満に解決できた。小野は、この一例をもって「通り御判」の威力は証明されたとする。

本来は降嫁した「姫君様（御守殿・御住居）」の安否に関わることを本丸に至急注進するために、各大名家に渡されていた通行証だったのだろうが、このような使い方もできたのである。

この時の伊達家奥方は、内大臣近衛《このえ》忠熙《ただひろ》の養女備子（備晃院）であった。御台は、十四代家茂《いえもち》の妻の和宮《かずのみや》親子《ちかこ》、もしくは十三代家定《いえさだ》の妻の天璋院《てんしょういん》のどちらかになるが、和宮は「御台」号を用いなかったとされるし、天璋院は備子と同じく近衛忠熙の養女であったから、天璋院の可能性が高いかもしれない。また、仙台藩上屋敷《かみやしき》は芝口（港区）にあり、浜屋敷と呼ばれていた。今の汐留駅のある付近である。そこから平川門までは約一〇キロ、時速六キロで駕籠を走らせたとして、二時間弱はかかる。女中が大奥から退出して、藩邸で対応を検討し、歌島が登城の準備をして出発したとしても、暮六つ時の門限に間に合わせるのは難しかっただろう。

老中による大奥支配

寛文十年女中法度（甲）

寛文十年（一六七〇）正月二十七日に、病気により宿下《やどさ》がりをしていた筆頭老女の近江局が没した。二月一日には大奥の刷新が図られ、これまで近江が一人で担当していた大奥老女奉文を、以後は岡野・矢嶋の二人が担当し、奥方の差配は梅《むめ》・岡野・矢嶋・川崎の四人が担当するようにと命じられた。実際には、寛文十年より梅・岡野・矢嶋が老女奉文に署名するようになり、延宝二年（一六七四）頃からこの三名に川崎が加わった（「土佐山内家文書」）。

さらに二月十日になると、女中法度九か条が命じられた。これには将軍家綱の「御黒印」が捺されており、家綱の命令として定められたものである。これを仮に寛文十年女中法度（甲）としておく。条文は以下の通りである（「教令類纂」）。

①一、奥方の女中はすべて、公儀のためを第一に考え、後ろ暗いことをしてはならない。総じて、傍輩中で申し合わせて悪事に一味・荷担してはならないこと。
②一、（将軍の）側近くに奉公する者は、とくに申し合わせて悪事をしないこと。
③一、奥方法度の趣旨は、何事によらず、いささかも背いてはならないこと。
④一、梅・岡野・矢嶋・川崎、この四人の指示に背いてはならない。誰であろうと、法度の旨を申し聞かせる場合は、違背してはならないこと。
⑤一、すべて奥方の作法は、他人はいうまでもなく、親類・縁者・よしみの者であっても、一切他言してはならない。以後、露見した場合は、厳重に曲事《くせごと》に命じる。
⑥一、倹約を堅く守り、衣類・音信の取り交わしは、なるべく軽くすること。
⑦一、宿下がりの際は、梅・岡野・矢嶋・川崎の四人に伺い、指図に従って日数を定めて出ること。猥《みだ》りなことがあれば、曲事とする。
⑧一、部屋に親類・縁者の女を呼び寄せることは、右の四人に伺い、指図に任せること。断りなく、猥りに泊めた場合は曲事とする。
⑨一、部屋の火の用心は、昼夜ともに油断なく命じること。
右の条々を堅く守らなければならない。もし違背の族《やから》がいれば、科の軽重に従って厳重に命じるものである。

寛文十年二月二十二日
　御黒印

①にある「公儀」とは、表向《おもてむき》の事柄というよりは、将軍＝家綱を中心にして私意をはさまず公共性を保つ態度を求めたものと理解される。すなわち、私意によって悪事に一味・荷担をしてはならず、②ではとくに将軍の側近くで奉公する者に①の心得を命じた。③では奥方法度の遵守が命じられた点で、これまで広敷向の規定であった奥方法度は単に広敷向の男性役人だけでなく、女中も共有すべき法令として明確に位置づけられた。④で老女四人（梅・岡野・矢嶋・川崎）の指図に従うことを命じる一方で、法度の伝達者が誰であっても違反しないこととした。⑤奥方のことは一切他言してはならず、違反者は厳罰に処し、⑥倹約を旨とし、⑦外泊や、⑧部屋内へ女を呼び寄せる際は老女四人の指図を受けること、⑨火の用心、を定めている。

寛文十年女中法度（乙）

女中法度（甲）の制定主体は、大奥の主人である将軍家綱であり、表向や奥向の男性役人の関与はうかがえず、大奥は老女四人の指示のもと、これまで通りに自律的に運営されているようにみえる。

しかし、④で法度の伝達者が誰であろうと遵守することとしたところに、男性が大奥の支配に関与しようとする意図が含まれていた。というのも、女中法度（甲）と同日付で、大老（酒井雅楽頭忠清・阿部豊後守忠秋）と老中（稲葉美濃守正則・久世大和守広之・土屋但馬守数直）の連名で別に女中法度七か条が命じられたからである。これを仮に寛文十年女中法度（乙）としておこう。つまり、家綱の命で出された女中法度（甲）にも老中たちの関与があったとみるべきで、男性役人による女中の規律化（支配）への志向がここに始まることになった。条文の内容は以下の通りである（「教令類纂」）。

条々

⑩一、すべて表向の御用は、大猷院様（徳川家光）御条目 幷《ならびに》この度《たび》の誓詞の前書にもある通りに守り、一切関与してはならない。もちろん将軍（御前）に申し上げることも堅く無用とすること。

⑪一、御台様の御為《おため》よきように万事を心得ること。しかし、当座の御意に入り、後に支障になるようなことは申し上げてはならない。もし、そのような者がいれば、老中へ報告すること。

⑫一、諸大名・同内儀方・公家・門跡《もんぜき》・御旗本の面々・出家・町人、総じて誰であっても、将軍に取り成し、訴訟がましいことを頼まれて申し上げないよう、御側《おそば》近くの面々に常々堅く申し渡しておくこと。

⑬一、世上の取沙汰を承り、諸人の善悪の噂を猥りに将軍に申し上げてはならない。風

説には贔屓《ひいき》があり、誠であることは稀であり、大方は偽りである。この旨は後述の御条目にも詳しいので、御側近き衆へよくよく申し含めておくこと。

⑭一、奥方にて　御目見えをする女中は、かねて御定のほかは堅く無用とする。もし、御目見えをしなければならない者がいれば、その次第を老中まで内談のうえ、将軍の御耳に立てること。たとえ御書立の内であっても、御一門方が御目見えをする時は、前もって老中に伺わなければならないこと。

⑮一、将軍に近い面々は、常々心を付け、酒に酔い乱れ、あるいは気むらなる者がいれば、誰であろうと、老中四人までありのままを報告し、よくよく言い含めておくこと。

⑯一、奥方役人の善悪を色々と詮議する場合は、前もって老中に内談したうえで、将軍の御聞に立て、命じられるようにするべきこと。

右条々を堅く守るべきである。もし違背の輩がいれば御穿鑿《せんさく》のうえ、厳重に曲事に命じられる。

寛文十年二月廿二日　　但馬守判

大和守判

美濃守判

豊後守判
雅楽頭判

御梅殿
岡野殿
矢嶋殿
川崎殿

寛文十年女中法度（乙）を簡潔に要約すると、⑩表向の御用は、家光（大猷院）の条目と今回から命じられた誓詞前書の旨を守り、一切関わってはならず、将軍家綱に言上することは無用。⑪御台（浅宮顕子）のためとなることを心得て、問題人物がいれば老中へ報告する。⑫諸大名・同内儀方・公家・門跡・旗本・出家・町人など、誰であっても家綱に取次ぎ、訴訟がましいことを頼まれてはならない。とくに将軍の側近い者たちに厳命する。⑬世上の風聞などを家綱に言上してはならない。これも側近き者に厳命する。⑭奥方で目見えをする女中は、規定通りにすること。もし、子細があれば、老中まで内談のうえで家綱の許可を得る。奥方に入ることを許された書立に名がある人物であっても、「御一門方」が家綱に目見えをする時は、事前に老中に伺う。⑮家綱の側近くにいる者で素行に問題があれば、誰であろうと老中四人まで正直に伝える。

女中の政治活動

⑯奥方役人の善悪をよく詮議し、事前に老中へ内談したのちに、家綱の聴聞に入れること、これらに違反すれば厳罰に処す、との条々である。

全般的に家綱の側近くにいる女中たちが、表向の人事に口をはさみ、あるいは大奥で内々に家綱の意向を確認する内証行為を禁じ、問題があれば老中に連絡・報告するよう求めるものである。また、「大猷院様御条目」とは、寛永十一年（一六三四）に家光が制定した老中職務規定などの一連の法令を指すと考えられる。

内証ルートの制限

何が問題になっているのかといえば、要は内証ルートの弊害である。大奥において御用や訴訟が将軍の聴聞に入れられ、それが将軍の意思として表向に示されるという方式が正当な政治的意思決定のルートとして通用するようになれば、かつて家光が将軍との懇意の関係に基づいた取次による内証ルートを制限するために老中制を創出させた意義が無意味化する。表向の御用に関して、「大猷院様御条目」に立ち戻るようにと老中たちが主張したのは、内証ルートが幕藩制的意思決定の中心に位置づくような事態になれば、表向の老中制は形骸化し、ひいては幕藩制そのものを根幹から崩壊させかねない危機に陥る事態になると捉えたからであった。

そこで、寛文十年（一六七〇）に大老・老中主導によって、大奥に奉公する女中の行動を規制する法令として、女中法度（甲・乙）が登場することになった。さらに、女中たちにそれらの規律を守る誓詞を老中宛てに提出させることで、男性目線で定めた秩序の維持を図ろうとしたのである。

ここには女性の政治活動を封じ込めようとする表向男性の意思があり、それこそが寛文十年に老中たちが女中法度を整備せねばならない直截的な要因だった。女性たちが将軍にもっとも近い存在であるという大奥の特性は、第一義的には将軍の血統維持を担うという役割から備わったものであり、これに表向として手出しはできなかった。そこで、大奥の女性たちの意向が将軍の意思として表向に影響を与えないようにする方策として、奥向の中を奥と大奥とに分け、さらに女中たちは大奥以外のことに関わらないように、性差、すなわちジェンダー構造を厳格化する必要があったのである。とくに中央政治を担う江戸城本丸においては、もっとも厳格なジェンダー構造を維持し、女性たちが表向の政治に関与することを避ける必要があったといえよう。近世武家社会の奥向がジェンダー構造を有していたのは、単に主人たる将軍の血統維持のためだけではなかったのである。

表使荒木一件

実際に、大奥女中が表向で決定するべき人事を左右する事件も生じていた。正保元年（一六四四）五月十日、本丸大奥で表使を勤めていた荒木《あらき》が、土岐頼行（出羽上山《かみのやま》）に御預けとなり、その子の左馬助村常も細川光尚《みつなお》（肥後熊本）に御預けとなった。さらに、表使の松山、およびその子の森川長左衛門、長左衛門の五人組が全員斬首となり、銀座年寄の平野平左衛門は座を除かれるという一連の処罰となった。

事件の発端は、松山が実子の長左衛門を、銀貨を鋳造する銀座の年寄役にしようと画策し、これを荒木に頼んだことだった。荒木は了解して、将軍からの内々の「仰事《おおせごと》」として、長左衛門を年寄とするよう銀座に書状を送った。銀座では「仰事」と聞いて、すぐに長左衛門を年寄役としたが、長左衛門の専権が激しかったため、座人が憤り、奉行所に訴訟することになり、そこで詮議となってこの一件が露呈することになったのである。

審理では、荒木は松山から頼まれたが、「そは、こゝろまかせにはからへ」とのみ伝えただけで、実際の書状は松山が作成したという経緯が明らかとなった。そこで、松山母子を捕縛し、五人組に預けたところ、母子が逃げ出して井上正利（相模横須賀）のもとへ走り入ったので、正利がこれをとらえて奉行所に差し出した。

「江戸幕府日記」には、次のように経緯を記す。

女中荒木義、森川長左衛門 尉《じょう》と申す町人母、松山ならびに長左衛門に相頼まれ、公義を掠《かす》め、御内々の上意のように申しなし、長左衛門を銀座年寄となす、これにより、荒木事、土岐山城守（頼行）に御預け、息荒木左馬助、細川肥後守（光尚）に御預け、長左衛門ならびに松山男子の分、昨夕断罪に仰せ付けらるる也、次に銀座年寄平野平左衛門事、荒木に頼まれ取り持ちの故、不届きに思し召し、座中を除かる、要するに、荒木が将軍家光の内意（「御内々ノ上意」）のようにして、松山母子の私的な願いを取り持ったことが罪科に問われ、公儀を掠める重罪とみなされたのだとわかる。しかし、首謀者は松山母子であったため、荒木と左馬助の二人は命を助けて大名預かりとなり、松山と長左衛門の母子は死罪、これに関与した銀座年寄の平野は座中からの追放となったというのが幕府の公式見解であった。ここでいう「取り持ち」がいわゆる内証行為に相当する。

荒木の出自と名跡立て

本論から多少脱線することになるが、この荒木の出自について補足しておきたい。文献によっては、織田信長に反旗を翻し、摂津有岡城に籠城した荒木摂津守村重の子孫と説明しているが、子の左馬助を預けられた細川家では、二人の関係について次のように記録している（『綿考輯録《めんこうしゅうろく》』巻六一、傍線筆者補）。

荒木左馬助は、摂津守村重の孫にて、父は新五郎と申し候、左馬助幼少にて親に離れ、浅野但馬守殿へ罷り在り候へども、御直参を願うにて京都に居住し、烏丸《からすま》光広卿、前廉《まえかど》村重と御入魂《じっこん》の訳をもって、江戸に召し連れられ、光尚君へ仰せ談ぜられ、則、忠利君より仰せ立てられ、公儀へ召し出される、その頃、御城女中あらきと申す人、子なきゆえ、左馬助を養子に仕《つかまつ》るべき旨、上意これ有り、親類にてもこれなく候へども、上意ゆへ親子の結びいたし候、しかるところ、右の女中、故ありて今度流罪仰

せ付けられ候間、左馬助もそのまま差し置きがたく、御預けになり、のち熊本にて果て候、

このように、荒木村重と懇意であった公家の烏丸光広と細川忠利・光尚父子のつてで、左馬助は将軍家に召し出された。おそらく同名という理由からだろうが、将軍家綱の意向で子のない荒木と養子縁組をすることになった。養子となった左馬助が、荒木村重の孫だったのは間違いないが、血縁という意味では女中の荒木とは何のゆかりもなかった。そのことは、左馬助を預かった細川で親類ではないと明言しており、二人が義理の関係であったのは確かだろう。

御城女中の名跡《みょうせき》立てが、名前が同じという程度の理由で許されたというのは安直な感は否めないが、これは荒木に限らない。女中の名跡立ては、必ずしも血縁関係は求められず、適切な者とみなされれば誰でも構わなかった。

女中誓詞の内容

寛文十年（一六七〇）の女中法度（乙）第一条にあるように、今回から提出するようになった誓詞の条文については明確ではない。ただし、享保六年（一七二一）四月に提出を命じられた誓詞前書とそれほど大差はないと思われる。その理由は、享保六年の誓詞前書は、寛文十年の女中法度（甲）の内容を簡略化しつつ、肝要な点に重きをおいて誓約する内容になっているからである。そこで以下に享保六年の

誓詞前書を原文の通り引用しておく（「教令類纂」、ただし濁点を補った）。

①一、御奉公の儀、実儀を第一に仕り、少も御うしろくらき儀いたすまじく候、よろづ御法度之おもむき、堅相守申べきこと。

②一、御為に対したてまつり、悪心を以申合いたすまじきこと。

③一、奥方の儀、何事によらず外様《そとさま》へもらし申まじきこと。

④一、女中方の外、おもてむき願がましき儀、一せつ取持《とりもち》致すまじきこと。付、御威光をかり、私のおごりいたすまじきこと。

⑤一、諸傍輩中のかげごとを申、あるいは人の中をかき候やうなる儀、つかまつるまじきこと。

⑥一、好色がましき儀ハ不及申に、宿下りの時分も、物見遊所へまいるまじきこと。

⑦一、めん〳〵心のおよび候ほどは行跡をたしなみ申べきこと。付、部屋〳〵火の元念入申つけべきこと。

以後、江戸城に奉公する女中は、誓詞の提出を命じられた。これは女中の採用時のみならず、将軍の代替りの際にも提出が求められた。法度を命じるのではなく、女中に誓約させる形で規律を守らせた点に、この七か条には女中法度に込められた真意が集約されていると考えられる。なお、④で女中方以外の表向に関わる願い事は一切禁止されたが、逆にこれをみれば大奥（女中方）に関することであれば願い出てよいということになる。つまり、この段階では、女中が表向＝男性の世界に関わらなければよかったのである。

老女や中﨟の誓詞提出は、老中が大奥に出向いて見届けた（図9）。

誓詞提出の方法

幕末の事例になるが、手続きは次のようであった（「御留守居勤方手扣」四）。

一、老女の就任にあたり老中による誓詞見届けがあるので、その手続書および絵図面を提出するようにと、提出日の前日に右筆から当番の留守居年寄に連絡がある。

二、留守居年寄は、広敷番之頭に連絡し、手続書と絵図面を取り調べさせた本紙を右筆に届ける。また、翌日当番の留守居年寄に、この件を申し送る。

三、当日は、当番の留守居年寄は平服で登城し、通例通りに大奥の御広座敷に出向いて表使に機嫌伺いをしたあと、表向の芙蓉の間に出る。

四、前日に手続書および絵図面を相談した右筆を呼び出し、本日の予定を確認し、老中が広敷向に出向く刻限を確認する。これとは別に、同朋頭からも本日、老女誓詞を見届けるため、老中が広敷向に出向く旨が伝えられる。

五、留守居年寄は、老中が広敷向に出向く頃を見計らい、老中退出前に自身が退出する旨を大目付と同朋頭に断り、大奥の広敷向に行き、広敷番之頭と打ち合わせ、附

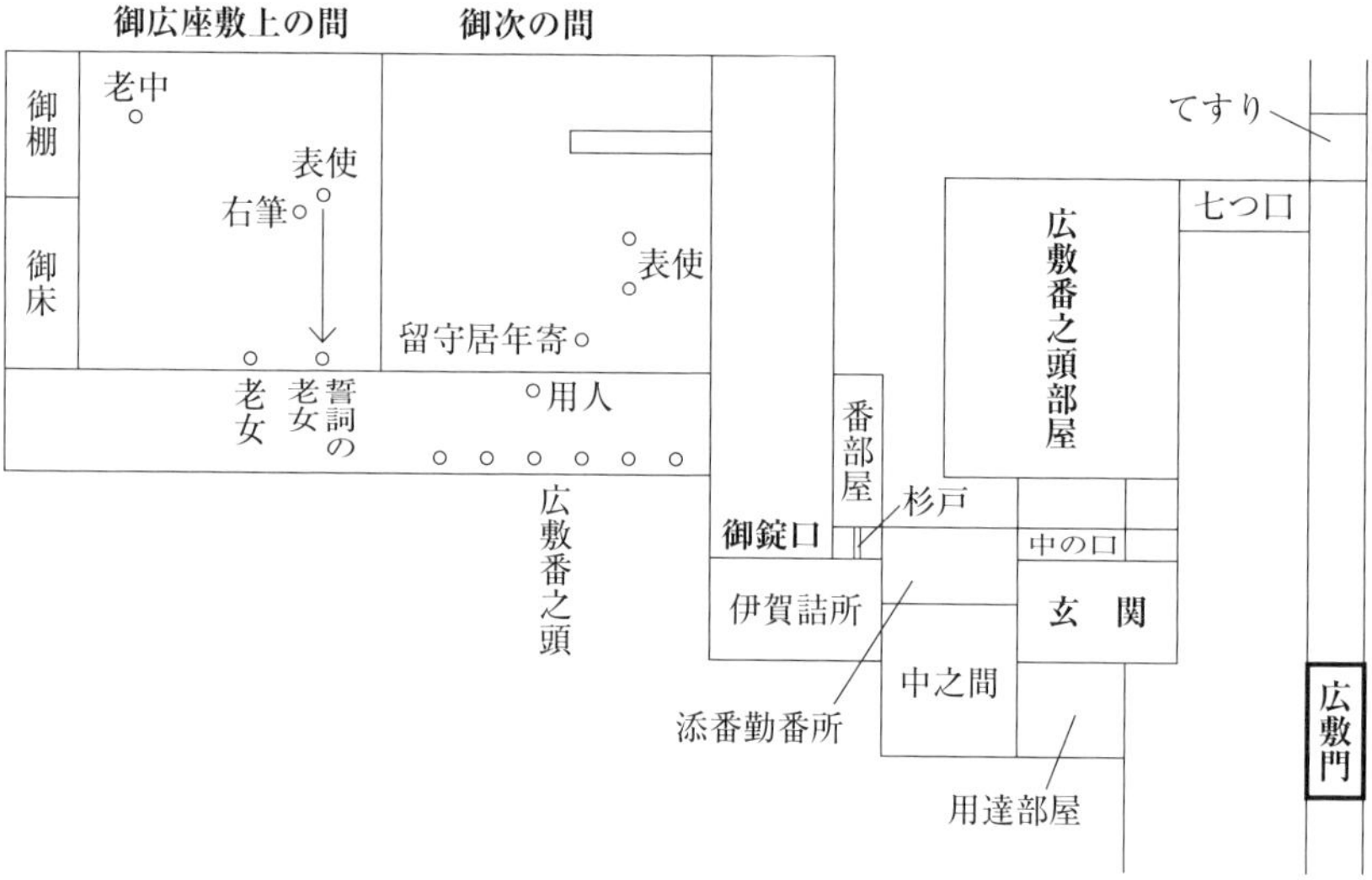

図9　老女誓詞の座席概念図

（出典）「御留守居勤方手扣」（国立公文書館蔵）．

（注）○は着座の席．矢印は移動を示す．

人を出しておく。

六、老中の箱出《はこだし》（老中の挟箱《はさみばこ》が御用部屋を出ること）の連絡が広敷番之頭にあり、老中が風呂屋口を出た旨を聞くと、留守居年寄をはじめとして、用人・広敷番之頭などが出迎える。留守居年寄は錠口の外側にある伊賀詰所に立ち、老中が通り過ぎる時に立ったままでお辞儀をする。老中はそのまま錠口を通って御広座敷に入り、上の間に着座する。老女はすでに上の間に着座しており、続いて留守居年寄・用人・広敷番之頭も図9のように着座する。

七、老中と老女が軽く会釈をすると、台に載せた誓詞を女中の右筆が持ち、表使が付き添って上の間の中央で右筆が読み上げる。終わると、表使が老女の前に移動して誓詞を前に置き、血判《けつぱん》が終わると、まず老中に一覧させ、次に老女衆の一覧に入れ、表使が誓詞を引き下げる。

八、老女が本日の礼を述べて式が終わると、老中は下座に座り直し、老女に機嫌伺いをして、退散する。老女は次の間まで老中を見送り、留守居年寄以下は通例通り外まで老中を見送る。

女中の役職によって内容や誓約する場所は異なる可能性はあるが、おおよそこのような次第であったとみてよいだろう。ちなみに、松尾美恵子が紹介した例によると、男は左の薬指、女は右の薬指を小刀にて切り、上血をしぼり取り、二番目の血を小刀の先に付け、女は名の下に付けたという（『徳川「大奥」事典』）。

誓詞は一度切り？

当日になって、見届けの老中が病気などにより代役が立つことになれば、誓詞の宛名が違うことになるので、早速、留守居年寄は広敷番之頭を芙蓉の間に呼び出して正しい名前を伝え、広敷番之頭から大奥へ申し込み、宛名を書き直させた。ということは、老女の誓詞の宛名は老中（おそらく月番老中）一人であり、将軍に誓約する形をとってはいなかったことになる。

また、三田村鳶魚《みたむらえんぎょ》は、享保六年四月の誓詞前書は幕府終末まで遵用したと説明するが、大岡ませ子は次のように回想している（『御殿女中』）。

上﨟年寄《じょうろうとしより》の誓詞は御用掛が立ち合って、御老中の前で致します。誓詞は御右筆が読むのです。合い風呂、合い床（同浴同衾）の禁制などの条目もありまして、別に違ってもおりません。誓詞は二度するものでない故、銘銘が昇進して御年寄になりました時は、御奉公に上がった時に済んでいるのですから、御年寄になってもう一度誓詞をすることはありませんが、京都から新たに来た人は、まだ御誓詞が済んでおりませんからのことです。

誓詞は奉公に上がった時に一度提出すればよいので、老女に昇進しても誓詞を再提出する必要はないが、上﨟年寄は京都から新たに来るので、老中と御用掛の老女が立ち合って、右筆が読み上げたものに誓約したのだという。

ただし、享保六年（一七二一）の誓詞前書には、合い風呂や合い床の規定はないので、鳶魚の説明とは異なり、幕末までには享保六年四月の誓詞前書から箇条が増えていたのかもしれない。加えて、二度の誓詞はないと説明しているが、将軍が代替わりをすれば改めて誓詞の提出が必要となるのは表向の男の世界と同じであった。一度切りというのは、ませ子が勤めたのが幕末の混乱期だったためだろう。

江戸城大奥役人の制度化

五代将軍綱吉と大奥

貞享元年奥方法度

貞享元年（一六八四）九月には、奥方法度《おくがたはつと》十七か条が定められた（「教令類纂《きようれいるいさん》」）。家光《いえみつ》四男の綱吉《つなよし》が兄家綱《いえつな》の養子となり、五代将軍を襲職したのは延宝八年（一六八〇）であり、同年に綱吉の家族も神田屋敷から江戸城本丸大奥に移り住んだ。それから四年たった貞享元年になぜ奥方法度を発令したのか、その理由はよくわからない。なお、奥方法度はこれまでは将軍の命令として出されていたが、貞享元年は老中三人（大久保加賀守忠朝・阿部豊後守正武・戸田山城守忠昌）の連署で出されたところが形式上の大きな変更点となる。

万治二年（一六五九）令から二十五年を経ており、人員構成は変化したが、内容的な変化はほとんどない。広敷番之頭《ひろしきばんのかしら》十人（松平所左衛門・河野三左衛門・間宮孫太郎・本多九右衛門・太田助之丞・嶋藤左衛門・渥美三郎兵衛・富永喜三郎・小林吉太夫・宇津野作之丞）が二人ずつで宿直番をし、違反者がいれば留守居年寄《るすいとしより》四人（柴田和泉守康利・杉浦内蔵允正昭・内藤出羽守正方・彦坂壱岐守重治）に報告し、四人が不在であれば、五人の留守居番に相談する。

切手門《きってもん》は、申刻《さるのこく》（午後四時頃）以後の出入りは不可とし、「手形《てがた》」のない女は誰であろうと一切通してはならない。ただし、老女三人（すま・岡山・尾上《おのえ》）の「手形」があれば、申刻を過ぎても通してよく、暮六つ時（午後六時頃）を過ぎれば老女の「手形」があっても出してはならない。ただし、夜中であっても、将軍・御台《みだい》からの「御用」であれば、老女三人の中から広敷番之頭の当番に「手形」で断りを入れる。また、切手門およびそのほかの門の通行は、留守居番の当番に断りを入れ、留守居番より留守居年寄の差図を受けて通す。側衆の関与が記されなくなるが、基本的な方針に変化はない。

役人のほかは、「奥の御台所《おだいどころ》」へ来させてはならず、広敷番之頭の番所より奥へ男を一切出入りさせてはならない。将軍の留守中の掃除は不要。なお、男子は九歳までは、〆戸《しめど》の内へ入れてもよい。

「奥方御用」は、老女三人の書付を表使《おもてづかい》に渡し、広敷番之頭の当番へ渡して調える。ただし、三人の女中が揃わない場合は、二人の書付でも可とする。

奥医師《おくいし》十二人（曲直瀬養安院・岡了節・高麗春沢・久保玄貞・佐藤慶南・佐藤慶庵・瀬尾昌宅・坂玄雪・山本友仙・本賀徳順・馬嶋安清・同友庵）は、「奥御広敷」まで参上する。このほかの医師を呼び寄せなければならない者は、留守居年寄四人と十人の広敷番之頭が相談し、もし留守居年寄四人がいない時は、五人の留守居番の当番に相談し、女中が重病で、「表」に出るのが難儀な時は、老女三人から当番の広敷番之頭へ書付で断り、そのうえで広敷番之頭が医師を女中の部屋まで召し連れること。参りにくい部屋に居住の女中は、軽症のうちに部屋替えをさせる。

乗物でそのまま奥に通る女中は、乗物の戸を表使が開いて改め、長持《ながもち》・櫃《ひつ》・葛籠《つづら》の出入りは十貫目より重く、不審ならば蓋を明けて通す。普請の際に大工・人足を通す場合は、留守居年寄四人の差図のうえで通す。

納戸方《なんどかた》御用は、広敷番之頭・納戸組頭が「奥御広敷」まできて承る。町人二人（後藤源左衛門・幸阿弥与兵衛）は、御用次第に「奥御広敷」まできてよい。そのほかの職人は留守居年寄と相談のうえで召し寄せること。

細工方《さいくかた》御用は、萩原長左衛門（宣久・細工頭《さいくがしら》）・矢部次郎左衛門（定常・細工頭）・深沢七右衛門（信次・細工頭）、この三人の同心を「奥御広敷」まで召し寄せること。

このように、ほとんど内容に変化はないが、これまで「奥の御台所」と称していた空間が「奥御広敷」（御広座敷）と明記されるようになった点が注目される。また、〆戸の内に入れる男子の年齢がこれまでの七歳から九歳に引き上げられた。

奥向火之番

ところで、江戸城はたびたび火災に見舞われた。本丸は、寛永十六年（一六三九）・明暦三年（一六五七）・天保十五年（一八四四）・安政六年（一八五九）・文久三年（一八六三）の五度の火事で焼失し、文久三年以後には再建されず江戸開城を迎えた。そのうち、寛永十六年は春日局《かすがのつぼね》の台所から火が出たとされ、天保十五年も本丸大奥の長局《ながつぼね》が火元であったとされている。

火の元を見廻る火之番に関しては、慶安二年（一六四九）に家光《いえみつ》次男の綱重《つなしげ》と四男の綱吉が江戸城大奥を出て、それぞれの屋敷に移った際の奥方法度に火之番に関する条文がある。翌三年に家綱が二の丸・三の丸御殿を出て西の丸に移った際の「御内証方御条目」にも、火之番に関する条目があることは、すでに述べた通りである。

以後、万治二年（一六五九）の本丸奥方法度の第十一〜十七条でも火の用心は厳しく命じられたが、貞享元年（一六八四）には、第十条で「火の用心のこと」と独立した条文で火の用心を命じ、第十一条では火之番二人が一日一夜ずつ勤務し、交代時には囲炉裏《いろり》から屋根裏まで入念に改めて引き渡す。第十二条では、大火を焚くのは禁止。第十三条では、夜中には三度ずつの見廻りを実施して火の用心を命じ、とくに風が吹く時は油断しないこと。定めた燈のほかは提灯《ちょうちん》・ぼんぼりを用い、このほかは停止すること。第十四条では万一、地震や火事の時は、老女三人（すま・岡山・尾上）が留守居年寄および留守居番など在り合わせの面々に広敷番之頭が同道して奥方へ参り、諸事を見合せて差図をすること。第十五条では、御城近所で激しい火事の場合は、広敷番之頭・同添番《そえばん》は非番であっても梅林坂下《りんさかした》まで詰めること、と六か条にわたって取り決められた。

火之番には、男と女の役があった。男性役人の火之番は、広敷向《ひろしきむき》の火の元を点検して廻り、二人組で泊り番があり、夜間は三度の見廻りをすることになっていた。女中の火之番は、昼夜を分かたず御殿向や長局向を見廻り、火の元を注意してまわった。幕末に女中の火之番は、将軍家茂《いえもち》付が二十人、和宮《かずのみや》付が五人、天璋院《てんしょういん》付が八人の計三十三人がおり、下級女中の職制の中では半下の次に多い人数が配属された（表2。三二一・三二三頁）。

大名が担当した奥向火之番

これとは別に、火事の際に防火にあたる大名役の奥向《おくむき》火之番があった。大奥火之番ともいう。元禄十年（一六九七）十月に酒井《さかい》忠挙《ただたか》（上野《こうずけ》前橋）は、「御本丸奥向火之番」を拝命した（姫路酒井家文書「御老中方窺之留」二）。忠挙の父は家綱期の大老として知られる酒井忠清《ただきよ》であり、綱吉が将軍に就任すると大老職を辞し、すぐに死去した（福田千鶴『酒井忠清』）。以後、酒井家は幕府の要職から遠ざけられていたため、忠挙にとっては酒井家の忠誠を将軍に示す絶好の機会であった。そこで、すぐに大手門番所、二の丸銅《あかがね》門番所、汐見坂《しおみざか》門番所に判鑑《はんかがみ》を届けた。この時の酒井家上屋敷《かみやしき》は大手門前に戻されており、そこから汐見坂門下にいたるには、大手門→三の丸門→二の丸銅門→二の丸長屋門→汐見坂門の順序となる。三の丸門と二の丸長屋門は、判鑑がなくても通過できる門だったのだろう。

さらに、忠挙は本丸の様子が不案内なので、自身であらかじめ検分しておきたいと老中まで願い出た。これはもっともなことと判断され、「奥向」の検分を許された。その範囲は、次の通りである。

御切手御門　御広敷前　五ノ丸様御広敷前　御天守下　梅林坂　平川口

まずは、大奥にいたるまでの各門（切手門《きってもん》・梅林坂門・平川門《ひらかわもん》）、天守下は北拮橋《きたはねばし》付近のことを指すのだろう。加えて、大奥奥方の正式の玄関口にある広敷門前、および「五ノ丸様」、つまり綱吉の第一位の側室となる小谷伝《こやでん》（瑞春院《ずいしゅんいん》、鶴と徳松の生母）の住居の広敷門前の検分が許された。なお、「五ノ丸」の場所については「正徳江戸城図」（国立国会図書館蔵）では大奥の西側一帯であり、広敷は天守台の西側に設けられていた（図3。一二一頁）。検分したのはいずれも大奥の周囲であり、広敷門の内側に入ることはなかった。

酒井忠挙の抵抗

そうこうしていると、殿中《てんちゅう》（江戸城内）において右筆《ゆうひつ》の田中半蔵から次のような打診があった。

「女中御年寄の右衛門佐殿《えもんのすけ》が、火事の時に女中衆が退出する際の乗物を舁《か》く者がいないので、火之番を拝命したのであれば、酒井家の家来を雇いたいとのことである。内々にそのように心得ていただきたい。また、夜中に火事の時は、提灯の紋なども覚えてもらいたいので、近く書付をお渡しするとのことである」。

これに対し、忠挙は次のように返答した。

「私が拝命したのは、奥向火之番である。火事の際は、汐見坂下の会所《かいしょ》まで人数を出しておくようにとのご命令であり、火事の様子によっては何方《いずかた》を防ぐことになるとも測《はか》りがたい。そのうえ、汐見坂の下まできて、御老中へ報告し、そののち指図次第にどこへでも出向くことになるので、女中衆が退出したあとに御殿の火を防ぐことになる。そもそも、火之番は命じられたが、女中衆の件は一切命じられていない。そのようにお考えいただきたい」。

右の依頼者である右衛門佐は、綱吉付の筆頭老女（上臈御年寄《じようろうおとしより》）であり、その信頼も厚く、かなりの権勢があった。その依頼を酒井忠挙は無碍《むげ》に断ったのである。

ところが、そこは右衛門佐。簡単には引き下がらなかった。半蔵から再び、「この件を老中まで尋ねてくれるようにとの右衛門佐殿のご意向である」と伝えてきた。そこで、忠挙は改めて「最前も申した通り、火之番は命じられたが、女中衆の件は命じられていない。

なので、これを老中に尋ねることはできない」と謝絶した。

その裏で、忠挙は慎重な対応をとった。老中阿部正武《あべまさたけ》に対し、「右のように返答したことを内々に承知してほしい。また忠挙から内証を言上したように取り沙汰してほしくないが、老中に隠しごとはできないために言上した」との旨を報告した。さらに、次のような自己の強い存念を伝えた。

「火防のために広敷あたりまで出向いた際に、退出してきた女中衆に人がいなくて難儀をしていれば、何であれ御奉公と思い、当家の侍分の者に命じて乗物を舁《かつ》がせてもよいが、事前に私の家来に乗物を舁ぐ心得を命じておくのは問題と思われる。双方にその心得でいたとしても、私の人数は汐見坂下の曲輪を隔てたところにおり、間に合わないことは必定である。その時、私の不調法のようになっては困る」。

この件については、これ以上の記述がないため、酒井忠挙の意見は老中の同意を得ることに成功したものとみられる。この主張の背景には、火事という生死に関わる緊急事態とはいえ、勝手に大奥に入るわけにはいかないという強い姿勢が示されており、成立期に生じた駿府城《すんぷじょう》の火事の際の処罰事件を彷彿させる。

要するに、奥向火之番を拝命した大名が火事の際に駆けつけるのは汐見坂下の会所であり、老中の下知次第で各方面の防火にあたった。その際には、大奥の広敷前あたりまで出向くことはあっても、大奥内部に老中の指示なく入ることはできなかった。本来の役務は本丸御殿奥向の防火にあるとする忠挙の意見は、至極もっともな面があった。

しかしながら、おそらく大奥としては前例のあったことであり、酒井家にすんなりと受け入れてもらえるものとみていたのだろう。頑強な忠挙の態度に、右衛門佐はさぞ辟易したことだろうが、酒井家が奥向火之番を担当していた間に、大奥で火事が起きなかったことが幸いだったといえよう。

この件があったからかどうかは不明ながら、忠挙は元禄十一年（一六九八）二月十五日、つまり奥向火之番を拝命してわずか四か月で同役を解任された。跡役は、阿部正邦（下野《しもつけ》宇都宮）であった（「江戸幕府日記」）。

相次ぐ女中法度の整備

元禄十二年女中法度

元禄十二年（一六九九）十一月二十三日には、三か条の女中法度が出された（「教令類纂」）。その書出で、「女中衆常々倹約を用い、奢《おご》りがましき儀これなきように致さるべきこと」と命じられたように、日常の倹約を命じ、奢侈を禁じる内容である。

一、全体的に祝儀の取り替しなどは、なるべく軽くして、たとえ御加増などを下された時でも、祝儀の返礼は分限相応に随分軽くすること。

付り、寺社方への寄進物、または法事などは、軽くすること。

一、同じ衣類を着続けて見慣れた様子になっても、問題ではない。よって、たびたび衣類を結構に新調するのは無用とすること。ただし、将軍家からの拝領した物を着用することとは、新調でも格別に許される。
一、全体的に振舞なども軽くするように。月番あけの振舞は無用にすること。御普請などの節の振舞も無用とすること。もちろん、音信などもしないようにすること。
付り、誓詞にも命じられた通り、奉公人を肝入《きもいり》する際は、親類・縁者であっても、善悪の吟味をして、贔屓がましいことがないよう守ること。

卯十一月廿三日

なお、これに先立つ元禄九年八月二十八日に、老中土屋政直と若年寄の秋元喬知が同道して広敷向に行き、大奥に出された「条約」を持参して老女（「奥年寄《おくどしより》」）に渡した（「人見私記」）。実際にどのような法令であったのか具体的な内容は確認できないが、相次いで女中法度が出されている。


元禄十二年女中法度は、大奥内において女中たちの衣食住を質素にすることを命じつつ、第三条の付《つけ》たりでは、女中方の人事にさらに踏み込んでいる。先にみた誓詞前書では女中方の人事について願い出ることは制限されておらず、表向に関わることを不可とする内容だった。本法度でもそれを禁じたわけではないが、女中奉公人を召し抱える際に人柄の吟味をして依怙贔屓な人事をしないようにと釘が刺されている。

言い換えれば、寛文十年（一六七〇）に女中法度が男性本位に定められ、表向の記録にも残されるようになり、老中による大奥の支配が強化されるとともに、大奥老女は老中に対して誓詞を提出し、大奥にいる女性たちが表向の案件に関わらないように誓約させられた。さらに元禄期になると、老中ら男性役人は女中の人事採用の方針にまで異見を挟むようになったのである。

享保十七年（一七三二）から残る「女中帳」をみると、女中の人事は最下層の半下《はした》（掃除や水汲みなどの下女）にいたるまで、留守居年寄から老中に伺いや願いを出して決済を受けているのがわかる。元禄十二年女中法度第三条では、まだ人事権の主体は大奥側に残されており、倫理意識を高めるように求める段階にあったといえるが、老中が大奥内部の人事にも干渉しようとする方針の萌芽がここに現れている。

正徳二年女中法度

宝永六年（一七〇九）正月十日朝。綱吉は痞《つか》え（胸の痛み）が起き、急死した。昨年末から麻疹《ましん》に罹っており、衰弱していたとはいえ、快復の兆しがみえていたなかでのことだった。享年六十四。上野寛永寺に葬られた。残された女性たちは落飾し、御台（鷹司信子）は浄光院《じょうこういん》、五の丸（小谷伝）は瑞春院、北の丸（清閑寺熙房の娘、大典侍《おおすけ》）は寿光院《じゅこういん》、新典侍（豊岡有尚の娘とよ）は清心院《せいしんいん》と名を改めた。二十日には屋敷普請の担当者三人が取り決められ、綱吉の妻妾たちが大奥を出る手はずが整えられた。

六代将軍となったのは、すでに綱吉の養子に迎えられて、西の丸に住んでいた家宣《いえのぶ》である。綱吉の兄綱重の子で、甲府二十五万石を継いだ時は綱豊《つなとよ》を名のっていた。宝永六年に将軍宣下《しょうぐんせんげ》を終え、十一月に西の丸から本丸に移り住んだ。

正徳二年（一七一二）七月十五日になると、側用人《そばようにん》の間部詮房《まなべあきふさ》から女中法度が命じられ、留守居年寄にも法度の写しが渡された（「教令類纂」）。

覚

大奥ならびに御部屋方の女中より、表方の役人へ親類・縁者の役替え、または町人・職人の御用達に関して、直接頼む事があるように聞こえている。今後は一切頼んではならない。もし、表の役人へ届けなければならない用事がある時は、留守居年寄を通し、役人へは留守居年寄より伝えるようにしなさい。女中より直接頼むことはもちろん、留守居年寄を差し置いて外向きより頼むことは一切無用である。以後、これに背く者がいれば、厳重に御吟味があると仰せ出された。

右の趣は、三の丸、二の丸女中も同様に堅く守ること。以上。

右は、寛文十年（一六七〇）に出された女中法度の方針を再度踏まえた内容といえる。変更点は、これまでは願いごとは老中を通すようにとしていたが、今後は留守居年寄を通すように、と改定された。側用人から通達の形で伝達された法的拘束力の弱い命令とはいえ、女中たちが人事に頻繁に口入れをしていた状況に対して、改めて制約を加えたものである。親類・縁者の人事や町人・職人の出入りについて、直接、表向（表方）の役人に依頼することを禁じ、どうしても伝える必要があれば必ず留守居年寄を通すこととし、違反者は糾問すると命じた。

「御部屋方」とは、七代将軍となる家継《いえつぐ》の生母の月光院《がっこういん》のことである。また、三の丸・二の丸も同様とされた。三の丸には、綱吉の側室・瑞春院（小谷伝）が、綱吉死後の宝永六年（一七〇九）四月二十三日から自身が没する元文三年（一七三八）六月九日まで居住した（「江戸幕府日記」）。よって、三の丸付女中とは、瑞春院付の女中とみられる。なお、黒鍬者《くろくわもの》（土木作業ほかの雑務従事者）の娘といわれ、出自が低いとされる瑞春院だが、祖母は家綱生母となる宝樹院《ほうじゅいん》（増山楽）の母仙光院《せんこういん》と姉妹の関係にあった（「女中帳」）。つまり、瑞春院には家綱の血縁関係者として位置づけがあったことも、三の丸住居という厚遇を得た理由の一つとして考慮される。

二の丸には、綱吉養女の竹《たけ》（清閑寺熙定の娘、寿光院の姪）と綱吉側室の寿光院（清閑寺熙房の娘、大典侍）が居住していたが、享保二年（一七一七）六月三日には、竹は寿光院とともに、二の丸から三の丸下馬場先御用屋敷に移った。「江戸幕府日記」には、「竹姫君様西丸下御屋敷江御移替付而、今日五ツ半過　本丸江被為　入（中略）寿光院殿は二丸ゟ直ニ西丸下御屋敷江被移」とあることから、二の丸女中とは竹付の女中と寿光院付の女中とみられる。

「女中帳」をみると、留守居年寄から月番老中を通じて、さまざまな大奥の人事案件が将軍の決済を得るように意思決定ルートが定式化されている。大奥法度の推移からもわかるように、留守居年寄は大奥の番方の責任者として近世初期から重要な立場にあったが、中後期には奥向での政治的意思決定における役割を浮上させ、大奥女中と老中をつなぐパイプ役を担うようになっていく。

正徳三年修復規定

正徳三年（一七一三）には、大奥の長局向の「修復住居替并畳替之覚」が取り決められた（「教令類纂」）。これも倹約令の一環だろうが、これほど細部にわたり老中から指示が出されていたことに驚かされる。長文だが、あまり知られていないので、以下に現代語訳を掲げる。

①一、畳替えは以前より一年はさみ《（ママ）》（隔年）にしてきた通り、今後も一年はさみとする。その内、勝手向・次通り・多門などは検分次第とし、場合によっては抜替え、あるいは古表を用いるように。ただし、部屋替えの場合は、只今までは古くなくても畳替えをしてきたが、今後は部屋替えであっても検分のうえ、そのままでもよい場合は、表替えはせず、規定の年数通りに替えること。もし、品により、（上からの）

命令があれば格別とする。もっとも、避けられない子細がある場合は、(老中に)伺いのうえで命じること。

②一、障子の張替えは、すべて各部屋の障子の数を改めておき、一年に一度ずつ九月中に張替えるようにする。繕い、または切張などは女中が各自でするように。部屋替えであっても、新しく張り替える必要はない。ただし、場合により部屋替えで畳の表替えをする時は特別である。

③一、すだれ障子は、夏向きは格別なので、只今の通りでよい。冷たくなり、無用になった時は、改めたうえで小細工奉行へ渡し置き、夏になれば望み次第に立てさせること。

④一、置戸棚の数は、大年寄は四つ、五つまで、中年寄より表使まては三つ、四つを限り、御右筆・御次・呉服之間までは二つ、三つ、御広敷・御三之間までは二つ限り、それより末は一つずつ、御半下部屋は大勢の寄合なので、部屋一軒に二つまでは置いてよい。

⑤一、台流しは只今までの通り、一部屋に一つずつとする。損ねた場合は、断り次第に修繕に渡し、古いものと引き替えること。

⑥一、銅壺《どうこ》(銅製)の船型をした塵ため(ゴミ箱)は、同前とする。

⑦一、釣棚は、望み次第に只今までの通りとすること。
⑧一、火燵《こたつ》・いろりは、一部屋に二つより多くは無用とする。もっとも、火燵は櫓共にすること。
⑨一、獅子垣（床の間の床脇の下部の吹き抜きに、竹を破れ格子に組み入れた窓のこと）は、明るい所では無用とする。明りがよくなく、とくに願う場合は、検分のうえ、どうしても必要な所であれば許可する。
⑩一、引窓《ひきまど》（綱を引いて開閉する窓）も、右に同前とする。
⑪一、蝋障子《ろうしょうじ》は、今後は無用とし、油障子（雨に強い油紙を障子紙に使用したもの）にすること。
⑫一、仕付け違棚《ちがいだな》は、大年寄は軽い仕形の違い棚なら構わない。そのほかの女中部屋には無用とすること。
⑬一、袋棚《ふくろだな》は、表使までは只今までの通り一つ、二つ。このほかは呉服之間までは一つずつは許可する。
⑭一、置違棚は、すでに有る場合はその通りとする。今後は願いがあっても、新規はもちろん、すでに有るものを修復することも無用とする。
⑮一、薄縁《うすべり》（後述）は、大年寄は十二枚ずつ、中年寄は九枚ずつ、御中臈《おちゅうろう》・御小姓・

表使は七枚ずつ、御次・呉服之間・御右筆・御持仏比丘尼・ごぜは五枚ずつ、御広座敷・御三之間・御末《おすえ》・火之番・御中居・御茶之間・御使番《おつかいばん》・御半下は三枚ずつを渡す。これは以前よりの定の通りなので、願えば一年に一枚ずつを渡す。もっとも、願い出ない場合は渡さない。ただし部屋替え、または薄縁を敷かなければやむをえないような場所は、吟味のうえで渡すが、そのほかは右の通りとする。

⑯一、屋根および樋の漏り止め、または樋の新規掛替えともに、検分のうえで命じること。住居替え幷新規移り替えともに、一、はめ抜替え、一、口あけ替え、一、戸障子付替え、一、勝手向しつらい、一、戸障子から紙ふすま望替え幷張替え、一、天井程村紙（厚手の和紙）張替え。

右のように、大奥の女中の階層に従い、棚や窓の仕様を規定し、畳替え・障子替え、簾《すだれ》障子《しょうじ》の出し入れ、屋根の掛替えにいたるまで詳細が取り決められた。

とくに⑮では、女中の階層によって薄縁（畳表《たたみおもて》に布で縁《ふち》を付けた敷物）の支給数が定められた。これにより、近世中期の江戸城本丸の女中構成の全容がわかる（表5）。家継はまだ婚礼前で本妻付の女中を欠くため、上﨟御年寄・小上﨟・介添《かいぞえ》といった上級女中の職名はない。その点を考慮しても、幕末の『徳《とく》川礼典録《がわれいてんろく》』を典拠とした職制と比較すれば、広座敷から半下までの下女系列の女中構造は

正徳期の女中の階層

表5　正徳3年（1713）大奥女中の構成

	役職名	薄縁枚数	大奥での役割
1	大年寄	12	老女のこと．奥向の万事を取り締まる
2	中年寄	9	老女の助役
3	中臈	7	将軍や御台の側《そば》に仕える
4	小姓	7	側で給仕や手水の世話など小間使い
5	表使	7	老女の指図を受け，外部との折衝役
6	次	5	次の間に控え，物品の移動などを担当
7	呉服之間	5	呉服の裁縫を担当
8	祐筆	5	格は中年寄に準じ，書記一般を担当
9	持仏比丘尼	5	勤行
10	ごぜ	5	遊芸
11	広座敷	3	表使の下役．女使が登城した際の世話役
12	三之間	3	三之間以上の居間の掃除，女中詰所の雑務
13	末	3	下級女中の頭役か
14	火之番	3	昼夜，各部屋を巡回して火の元を注意
15	中居	3	御膳所で献立一切の煮炊きを担当
16	茶之間	3	食事中に湯茶を調進する
17	使番	3	番部屋に詰め，下の錠口を管理
18	半下	3	水汲みや代参の供，駕籠舁きなど雑務

同じである（表2。三二一・三三三頁）。

ただし、御客応答《あいしらい》・錠口《じょうぐち》・切手書といった役職がみえない。御客応答に関しては、宝永六年（一七〇九）の御台（近衛熙子）付の女中の中に「御客あいしらい」という職名がみえるので（「間部日記《まなべにっき》」）、すでに成立しているはずであるが、まだ常設ではなかったのかもしれない。切手書も、管見の限りでは寛政期（一七八九〜一八〇一）までには設けられていたようだが、十四代家茂（在位：一八五八〜六六）の時は使番が兼ねたというので、江戸時代を通じて常置の役職ではなかったようである。

八代将軍吉宗と大奥

享保元年奥方法度

正徳二年（一七一二）十月十四日に六代将軍家宣が没し、わずか四歳の世嗣家継が七代将軍を襲職することになった。翌年四月二日に将軍宣下となったが、正徳六年四月晦日に八歳で没した。将軍職をついでわずか三年半である。家継嫡母の天英院《てんえいいん》（家宣の妻、近衛熙子）の強い意向で、紀伊徳川家当主の吉宗《よしむね》が八代将軍を襲職することになった。吉宗はすぐに二の丸住居となり、五月二十二日には二の丸から本丸に移った。一か月後の六月二十二日に享保に改元し、八月十三日に将軍宣下を受けた。将軍襲職の一連の儀式を終えると、十一月二十八日には奥方法度十九か条が老中五人の連名で命じられた（「憲教類典《けんきょうるいてん》」）。

内容的には、これまでの奥方法度を踏襲している。留守居年寄や広敷番之頭と連携して大奥を差配する老女は常盤井《ときわい》・三室《みむろ》・高瀬《たかせ》・外山《とやま》・田沢《たざわ》の五名であった。そのうち、常盤井・三室・高瀬は家継期の老女がそのまま新将軍付に引き継がれたものだが、外山・田沢の二人は吉宗が紀伊徳川家当主だった時の吉宗付老女が大奥老女となったものである。

第一条では、天英院付の用人《ようにん》三人（堀丹波守正勝・早川壱岐守重好・本間豊前守季孝）と広敷番之頭十五人（大草甚三郎高住《たかずみ》・長次郎九郎義孝・日向《ひなた》八郎右衛門正竹《まさたけ》・西山太郎兵衛昌方・三沢庄兵衛信光・筒井七郎右衛門忠儀《ただのり》・筧《かけい》新三郎正直・加藤一学邦盛・野沢源左衛門清房・宮川清九郎定穀《さだよし》・本多金五郎重矩・桜井七右衛門政蕃《まさしげ》・鈴木六右衛門重頼・堀江源之丞成《しげ》応《よし》・小林金十郎行中《ゆきなか》）が奥方御用を担当し、大奥の番は広敷番之頭が五人三組となって一夜ずつ交替で宿直することになった。

今回、第一条に初めて用人の名が明記されたことに加え、広敷番之頭が十人から十五人と増えた。これは天英院付四人（大草・筒井・加藤・野沢）・法蓮院（家宣側室、太田古牟《こん》、家千代生母）付三人（宮川・本多・桜井）・蓮浄院（家宣側室、櫛笥《くしげ》すめ、大五郎・虎吉生母）付三人（鈴木・堀江・小林）というように、本来の広敷番之頭に個人付の広敷番之頭を加えて編成されたためである。これにより、いまだ六代将軍家宣の正室・側室が本丸大奥にいたことがわかる。七代将軍家継の生母月光院は、享保元年（一七一六）九月二十六日に吹上《ふきあげ》御殿《ごてん》に移っていたため、法度の中に担当役人の名がない。

第二条以下は基本的には従来通りだが、天英院に関する取り決めが附属している点が異なる。天英院の用事は、天英院付の用人三人が担当し、三人がいない時は十五人の広敷番之頭に相談する。天英院の女中が病気の時は、用人三人と留守居年寄、十五人の広敷番之頭が相談して医師を召し寄せ、用人三人あるいは広敷番之頭の中から医師に付き添って女中の部屋に連れていく。地震や火事の時は、用人三人が加わって処理にあたる、といった内容であり、天英院付用人が諸事に立ち合うこと以外は、従来の奥方法度に定められた通りである。奥医師は、井関玄説・栗本瑞見・林宗節・小森西倫・山田立長・増田寿針・小川文庵・大江松卓・湯川寿三・村山元格・増山養甫・栗田玄悦・松本善甫・板花検校の十四名であった。

このように奥方法度に用人の名が現れるのは、享保元年の奥方法度からである。用人そのものの成立は早く、二代将軍秀忠《ひでただ》長女の天樹院《てんじゅいん》（徳川千）に用人が付けられたのをはじめとして、三代将軍家光の御台である鷹司孝子《たかつかさたかこ》以下、歴代の御台、姫君、側室には用人が付けられた。よって、享保元年には天英院付に限定されてはいたが、奥方法度において用人が広敷番之頭の上に置かれたことは、大きな変化と捉えることができる。

というのも、幕末のことになるが、嘉永五年（一八五二）十二月には、用人が広敷番之頭と連携していないことが問題とされた。奥方法度（「御広敷御玄関御条目」）の第一条に、広敷用人は広敷番之頭と同様に「御取締筋之儀御広敷」に念を入れるよう規定されているのに、現在は取締筋の相談が一切なく、別々に勤務するのは不十分なので、「先格之通番之頭同様御錠口内外共御取締方」を相談し、厚く心付けるようにと命じられた。

享保以前の用人は、主人の用向を担当することが職務であり、広敷番之頭が専管とする番方は職掌外であった。つまり、享保元年の奥方法度第一条で広敷番之頭より先に置かれ、法度違反者につき広敷番之頭と連携して取り締まるようにと改定されたことは、用人にとっては職務の拡大であった。拝命当初は何とかこなしていたのだろうが、時がたつにつれて用人本来の職務に戻り、番方は広敷番之頭に任せるように緩んでいったのだろう。これを嘉永五年に改めて、用人には大奥の取締りの職掌があることを再確認させたのである。

要するに、享保元年奥方法度では、用人が留守居年寄に次ぐ大奥の重役となり、広敷番之頭と連携して大奥の取締りという番方の職務を担うように職制が整備された点が大きな制度改革であった。

大奥役人の職制化

以上のように、八代将軍吉宗は、享保元年（一七一六）十一月二十八日に奥方法度十九か条を制定し、天英院（六代将軍家宣の妻、七代将軍家継の嫡母）付の用人を大奥取締りの責任者とし、天英院、法蓮院や蓮浄院（いずれも家宣側室）付の広敷番之頭を含めて大奥を取り締まる体制を整えた。ところが、天英院は享保二年十二月十五日に本丸を出て西の丸に移り、そのほかの側室たちも本丸大奥を出て、それぞれの屋敷に移っていった。これにより、大奥の諸制度は再編成を迫られることになった。

そこで、享保六年には再度、奥方法度十七か条を制定した。天英院に関する条文が削除されたことで、二か条ほど条数が減った。

今回の最大の変更点は、これまでの法度では具体的な人名を書いていたが、「用人・御広敷番之頭・御留守居・年寄女中・納戸頭組頭・細工頭幷組同心」とそれぞれの役職名を記し、人名を記載しなくなったことにある。この享保六年奥方法度は以後の基本法令となり、享保十六年・寛政元年（一七八九）・嘉永六年（一八五三）には年号のみを書き改めて再令された。このように、享保六年に制定された奥方法度の法文は定式化し、大奥役人の職務の固定化をみるとともに、役が人に付くのではなく、職に付くものとして制度化が進むことになった。

ここで奥方法度の総括として、全文を原文通りに示しておく（「諸事留《しょじとめ》」九）。これは寛政元年に老中五名の連名（松平越中守定信・牧野備後守貞長・鳥居丹波守忠意・松平伊豆守信明・松平和泉守乗完《のりさだ》）で出された条文を嘉永六年に再令した際のものである。

享保六巳年御改・享保十六亥年書改・寛政元酉年書改

定

①一、御奥方御法度之儀、御用人・御広敷番之頭、万端入念、御番之儀者御広敷番頭九人之内、三人ニ而一日一夜充相勤、万事可申付之、若違背之族有之者、無用捨可申上之、令遠慮於無其儀者、御用人・御広敷番頭可為越度、諸事御留守居可有差図事、

②一、切手御門之儀、申刻以後者出入有へからす、勿論手形なくして女上下共ニ一切不可通之、但、年寄女中衆手形相添候ハ、申刻たりといふとも可通之、暮六ツ時過ニおいてハ、一切不可出之事、

但、夜中自然御用有之者、年寄女中衆の内より御広敷番頭当番江以手形可相断之、切手御門幷其外之御門通之儀、御留守居之内差図を受可通之事、

③一、役人之外奥の御台所江参へからす、惣而御広敷番頭番所より奥江男一切出入すへからさる事、

但、男子九歳迄者、しめ戸の内江入候而も不苦候事、

④一、奥方御用之儀、年寄女中衆書付を以、表使江渡之、御広敷番頭当番江相達之、御用可調之、但、年寄女中衆不残不在合時者、壱人ニ而も書付可被出之事、

⑤一、御定之医師、奥御広敷迄参へし、其外之医師不呼寄して不叶時ハ御留守居之内江申談可召寄之事、

⑥一、女中煩大切にて表江出儀難成時者、年寄女中衆より御広敷番頭当番江書付を以相断、其上ニ而御広敷番頭、医師召連、彼部屋迄可参事、

⑦一、医師召連、何も参にくき部屋ニ住居の女中は、煩またしき内、兼而部屋替いたさせ可申事、

⑧一、乗物ニにてすくに奥江通らるゝ女中ハ、乗物の戸を表使ひらき見改可相通之事、

⑨一、長持・櫃・つゝら出入之儀、拾貫目斗迄者ふたあけ不及改候、それよりおもく不審成分ハふたを明改可相通之事、

⑩一、奥方御普請有之而、大工・人足通之儀、御留守居之内江相断、差図之上可通之事、

⑪一、火之用心之儀、兼而相定之通、火之番之者二人ニ而一日一夜充相勤之、請取渡之時、いろりハ勿論、屋根裏以下迄入念可改之事、

⑫一、大火を焚さる様ニ堅可申付之事、

⑬一、夜中ニも三度充廻り、火之用心以下、可申付之、風吹候時者弥油断すへからさる事、

付、相定燈之外者、てうちん・ほんほり可用之、此外者停止之事、

⑭一、火事・地震之節者、年寄女中衆・御留守居・御広敷番頭同道いたし、奥方江参、諸事見合差図可有之、御留守居番之内、是又御広敷迄相越、御留守居江申談、御用

も於有之ハ可承之事、
⑮一、御城近所甚火事之時ハ、御広敷番頭幷添番、非番たりといふとも、梅林坂下迄相
詰可申事、
⑯一、御納戸方御用之時者、御納戸頭・組頭、奥御広敷迄罷越可承之事、
付、町人は後藤縫殿助・幸阿弥因幡、此弐人御用次第、奥御台所迄可参候、其
外之諸職人者、御留守居相談之上、可召寄之事、
⑰一、御細工方御用之時ハ、御細工頭幷組同心、奥御広敷迄可召寄之事、
右條々、堅可被相守之者也、
寛政元酉年五月　和泉守／伊豆守／丹波守／備後守／越中守（／は改行）

享保六年（一七二一）四月には、あわせて女中法度十か条が定めら
れた（「憲教類典」）。女中法度も、以後はこの法文が踏襲された。

享保六年女中法度

嘉永六年（一八五三）には同文が再令されており、幕末まで法令の継続性が確認できる。女中法度に関しても、享保六年に制度的な固定化をみたといえる。なお、この女中法度は、大奥女中が御殿向に出仕する廊下の二か所に仮名付で貼り出された。内容を概括すると、大奥女中の交流範囲を定め、大奥に入ることのできる親族を限定し、奥方女中が各部屋で使う男女の使用人にまで不審な点がないように取締りを命じている。このような法度を具体的

に定めなければならなかったところに、平川門から広敷門までの空間には多様な人びとが、あの手この手を使って往来していた様子がうかがえる。

以下、具体的にみていこう。

女中の交流範囲

第一条では、奥方女中の交流範囲を定めた。文通は、祖父・祖母・父母・兄弟・姉妹・おじ・おば・甥・姪・子・孫までに限られた。これ以外で子細があって文を送る場合は、老女の許可が必要であった。これは文通だけでなく、宿下《やどさ》がりの際も右と同じ範囲の者としか会ってはならず、老女が取り調べて誰と会う予定かを記録しておく必要があった。誓詞にあったように、大奥で見聞したことを外に漏らさないためにも、こうした規定が必要だったのである。

第二条では、宿下がり後の親族の見送り（長局までの来訪）禁止と部屋子を呼び寄せる際の手続きを定めた。女中たちが休暇をとる宿下がりは、上臈・老女・中年寄・御客応答・中臈・小姓・表使・錠口番・坊主などを除き、次女中（主人がいる御座之間に隣接する次の間に控えて所用を担当する目見えを許された女中）より下の者に許された。春先になると、老女の許可を得て、三年目に六日、六年目に十二日、九年目に十六日という割合で許可された。これは定例の宿下がりであり、家族の病気や死亡などにより臨時で宿下がりが許される例もある。これらとは別に、江戸城外に屋敷を拝領している老女が所用や休息のために宿下がりをすることもあった。

宿下がりを終え再出仕にあたり、女中の見送りと称して、親や親族を長局へ呼び寄せることがあった。大奥には九歳以上の男は入れないから、当然、女の親族と九歳以下の男児だろうが、これは不可とされた。ただし、宿下がりの際に、身寄りのない子を引き取るということもあったらしく、近親者で養育する者がおらず、部屋子にしたい場合は、その旨を老女に願い出て、留守居年寄に届けて差図を受ける手続きをとるようにと規定された。

これは女児に限らず、九歳以下の男児でも可能だった。実際に、家光期に春日局が久太郎（綱吉期の大老堀田正俊《ほったまさとし》）を育てた例、また綱吉期の老女の松枝《まつえ》が、いよと富太郎という二人の姉弟を部屋で養育した例もある。松枝の場合は、留守居年寄の松平昭利が関知していたが、知らないことにする（「拙者不存分」）という対応がとられた（姫路酒井家文書）。これは元禄十五年（一七〇二）のことであり、この頃にはまだ留守居年寄に報告するという手続きが不要であったとわかるとともに、享保六年女中法度から部屋方の人員管理が強化されることになったことがわかる。

大奥への来訪者

第三条では、長局に来訪してよい親族の範囲とその手続きを定めた。

宿下がりを許されない者、つまり上級女中たちが親族を女中部屋に呼び寄せることが許可されていた。その範囲を祖母・母・娘・姉妹・おば・姪、男子は九歳までの子で、兄弟・甥・孫までとした。長局の部屋に宿泊をさせる必要がある場合は、老女に断り、留守居年寄に届けたうえで、二宿に限ると取り決めた。切手門を通過するためには、留守居年寄の印が押された切手が必要であり、その際に報告を義務づけたのだろう。これは逆にいえば、切手を得て長局向に入り込んでしまえばいつまでも逗留できたので、二宿と定めて取り締まる必要があったのである。

第四条では、使いの女の宿泊が禁止された。第三条と連動させれば、親族以外の女を長局に宿泊させてはならないことになった。何かの用事で大奥に使いとしてきた女をやむをえず宿泊させる場合は、その理由を老女に断り、留守居年寄に届けて指図を受けるようにと手続きを取り決めた。

最後の第十条では、召使いの女で届けがない者をみつけた場合は、早々に適切な対処をするようにと命じ、城中は大切であるので、少しも不審な者を召し抱えないようにと念が押され、これらのことを堅く守り、かつ誓詞前書の趣に相違しないように心がけるように、と命じられた。

こうした条文からは、大奥に女が入ることは比較的に緩やかだったことが裏づけられるが、それも享保期には細かな制限を受けるようになったと位置づけられる。

分限相応の倹約

第五条・第六条は倹約令である。女中の衣服や諸道具、音信・振舞ごとにいたるまで、奢侈とならないよう、分限相応にと命じられた。とくに各部屋での振舞に集まることがあっても、夜ふかしをすれば、火の元が不安となるので、よく心得るようにと命じられた。

第七条は、拝領した御紋附の御道具類を私用に貸してはならないと定められた。「御」が付くので、葵の御紋の付いた道具類のことであり、これは将軍から個人の功績に対し恩賞として与えられた限定品だから敬うべきであり、濫《みだ》りに他人に使わせてはならない、ということなのだろう。

倹約令は正徳期に詳細に取り決められていたためか、簡潔な内容での規定となってるが、女中の階層に基づいて、分限相応の倹約が求められた。

ごぜの出入り

第八条は、長局へ出入りするごぜの規定である。これは、二人と決められた。ごぜとは盲目の芸能者のことをいい、ごぜを抱えている大名家も多い。松平春嶽によれば、呉服の間の格ぐらいで盲目の女を抱え、将軍の留守中に御台や大御台の次の間に置かれた屛風の外で慰みに三味線を引いたと、祖母松栄院から聞いた話を伝えている（『前世界雑話稿』）。表5（一五八頁）でも、呉服の間の下に置かれたが、薄縁は同じ五枚の格となっている。

参考までに、大岡ませ子の回想によれば、大奥には女按摩が三、四人おり、主だった者の部屋に泊っていて、呼ばれた所に療治に行った。食物は泊っている部屋の賄いをもらい、すべてその部屋で世話になったので、金を貰うことはなかったという。ただし、日が見えないといけないので、盲目の按摩はいなかったとしている。

下男の私用禁止

第九条では、下男《しもおとこ》の私用禁止が定められた。下男は、御殿向や女中の諸部屋に一人ずつ付けられ、廊下の掃除や男手が必要となる力仕事に従事した。史料上では「御下男」と敬称の「御」を付けて表記されるように、身分は歴《れっ》きとした御家人であるが、俸禄は十五俵・二人扶持の軽輩の役職だった（『明良帯録《めいりょうたいろく》』）。これを女中が私用（「自分用」）で使うことが禁止とされたのは、女中にはそれぞれに部屋子を雇う扶持が与えられているから、当然のことといえよう。ただし、女性の部屋子では、力仕事など間に合わないこともあったのだろう。急用の場合は、老女より広敷番之頭に断り、そのうえで使うようにと、命令指示系統が明確化された。

この下男について、大岡ませ子の回想によれば、大奥では、「オトコシサン」と呼ばれ、刀を差さず、また上下《かみしも》も着さず、着流しのまま立ち働く者であったという。一方、元御庭《おにわ》番《ばん》の川村帰元の回想では、「帯刀はいたしておりますものの、又引を穿《は》いて、尻を端折《はしょ》って働いていているいたって軽い者でして。奥に這入って女中の用を足すので」と証言しており、帯刀に関しては二人の証言には齟齬《そご》がある。軽輩とはいっても下男は御家人なので帯刀身分であったが、大奥の中では目見え以下は帯刀が許されなかった。そのため、大奥女中のませ子には、下男は無刀の姿に映っていたのだと考えられる。

広敷向にも下男は置かれ、広敷番之頭部屋一人・下御用部屋一人・釜屋二人・障子方一人・明部屋一人・医師部屋一人・小人部屋一人・侍部屋一人であり、広敷門の外側にある五菜・八百屋腰掛所一人となっていた。

下男の仕事としては、正月七草《ななくさ》には大名より献上された紅白の鏡餅を、「ヅリ」に載せて広敷から奥の部屋に次から次に畳廊下を引いて行くという行事があった。また、毎年十二月初旬から十三日まで煤払いがあり、銘々の部屋から始めて、御座所を最後とし、最終日の十三日に留守居年寄が対面所まで入って煤払いの行事を行なうことが恒例となっていた。この時は、大勢の下男が入り、一部屋二十五人程度で次々と掃除をしていくが、女中たちは下男と出合わないように隠れているのだという。つまり、下男が錠口の内側に入れるからといって、女中と接触することは極力避けられたが、実際には部屋に一人が付いているので、日頃から馴染みとなり、女中の私用を頼まれることになったのだろう。

使用人の五菜男

女中には本給とは別に、自分の部屋で雇う部屋方の人数分の扶持《ふち》が与えられた。たとえば、老女は十人扶持が相場であり、幕末に老女であ

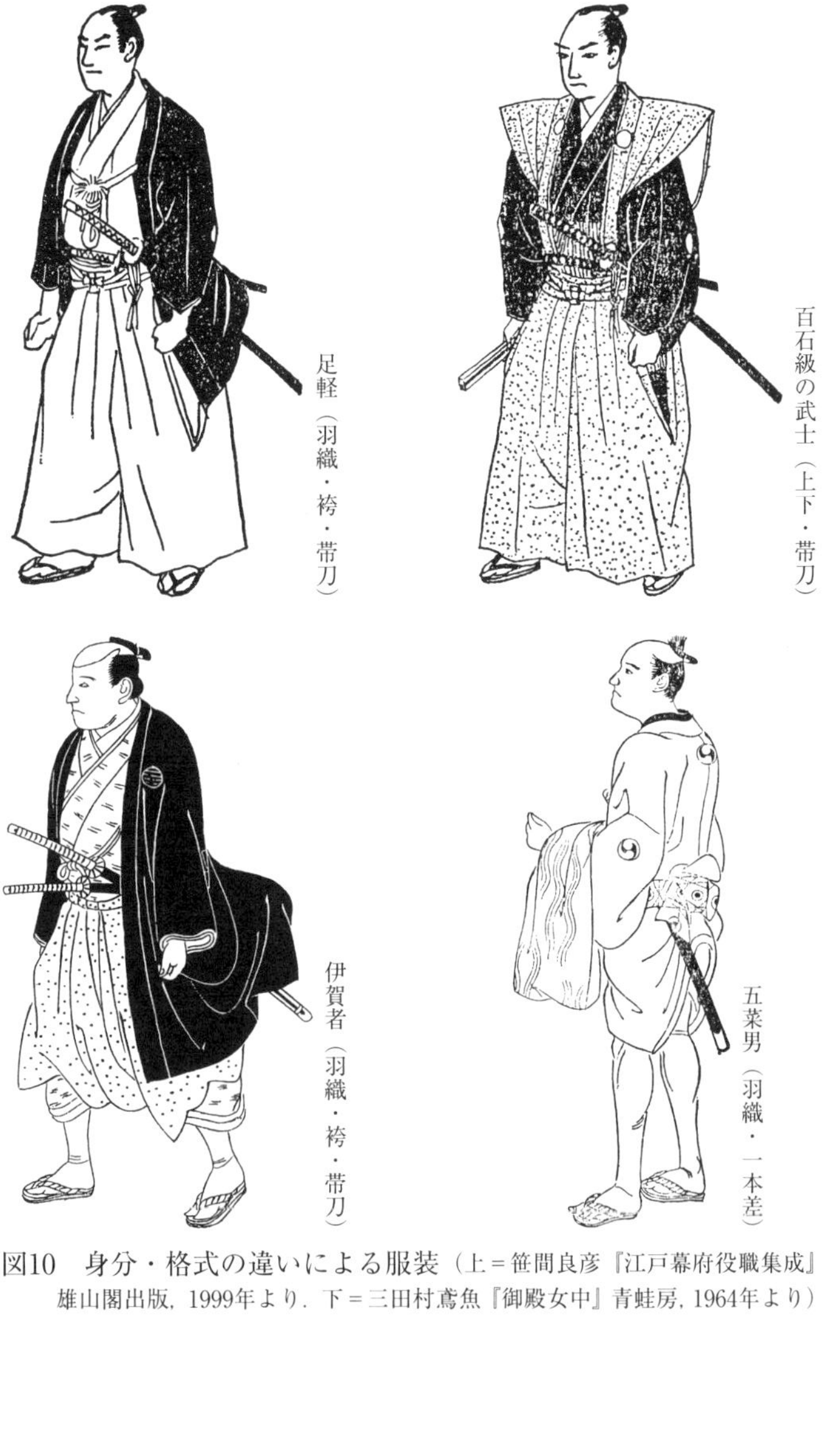

図10　身分・格式の違いによる服装（上＝笹間良彦『江戸幕府役職集成』雄山閣出版，1999年より．下＝三田村鳶魚『御殿女中』青蛙房，1964年より）

った瀧山《たきやま》の場合は、男扶持が三人、女扶持が七人であった。つまり、下働きの男を三人雇うことができ、これが五菜男《ごさいおとこ》と呼ばれた使用人である。男扶持が三人であれば、門札も三枚支給された。この門札があることで、五菜男は平川門および切手門を自由に通過することができた。皮の袋に入った門札を腰に付け、一本差し、羽織姿で出入りをしたが、男なので七つ口を通って部屋まで来ることはできないのが決まりである。毎日、七つ口の外側にある手すりまできて、女中の宿元への使いや買い物、外出する部屋子の供などを担当した。このように五菜男は七つ口から中には入れないため、大奥の中では女中たちが下男を頼らざるを得ない場面も多くあったのである。

ちなみに、大奥を叙述した文献において、下男と五菜男とを混乱した記述がままみられる。錠口の内側の大奥に入ることのできる御家人の下男と、広敷向の七つ口までしか来ることのできない私的な使用人の五菜男とはまったく違う存在なので、今後は注意が必要である。

近世後期の大奥

享保六年（一七二一）に奥方法度および女中法度が定められると、以後は条文が改定されることはなく、幕末にいたった。十一代将軍の家斉《いえなり》の時には御台の近衛寔子《ただこ》（実は薩摩藩主島津重豪《しまづしげひで》の娘）から男子一人、側室・側妾十六人から五十六人の子が生まれており、大奥が肥大化したことが想定されるが、その場合でも大奥法度として新たに改定されることはなかった。ただし、細かな取り決めはそのつどに定められていたらしい。家斉治世期の寛政元年（一七八九）五月には、それらが「七つ口定書《さだめがき》」十九か条としてまとめられた。これは本丸だけでなく、二の丸の七つ口も同様とされた。

寛政の改革と大奥

当時の政治状況としては、天明七年（一七八七）六月に松平定信《まつだいらさだのぶ》が老中に就任し、寛政の改革に乗り出していた。定信は幕府財政の改善にあたり、大奥の経費削減が重要と考え、大奥の支出に勘定所を深く関わらせて管理した。これが大奥女中の反感を買い、定信失脚の原因になったとされている（高澤憲治『松平定信政権と寛政改革』）。

この定書は、嘉永六年（一八五三）に十二代将軍家慶《いえよし》から十三代将軍家定《いえさだ》に代替わりするにあたり、老中阿部正弘《あべまさひろ》より「奥」（家定）に上申したところ、年号を書き改めて再令するようにとの決済を受けたので、これを留守居年寄と目付に下達し、目付の取扱いで掛《かけ》札《ふだ》を表右筆に書かせて大奥の七つ口に貼り出させた（「諸事留」九）。つまり、幕末になっても効力を維持した大奥全体にわたる法度であった。

詳細な七つ口定書

この「七つ口定書」の最後の条文にあたる第十九条には、次のように命じられた。

一、広敷向は以前からの定書の通りに堅く守ること。右の定書の内にもあるように、女中のことのほかは、表向の願がましきことを留守居年寄に頼まないという取り決めだが、近来は猥《みだ》りになっている。畢竟《ひっきょう》、このような筋より、紛らわしい事件もできるので、今後は願がましきことは一切、留守居年寄へ申し出てはならない。心得違いの女中がいれば、留守居年寄より老女衆へその趣を断ること。右のほか、平生、広敷向にて取扱う件は、古来よりの致方《いたしかた》を取失い、全体に猥りになっていると聞こえている。よって、右の数か条の通りに今回は定めたので、この旨を厳重に守ること。もし背けば、その軽重により御咎《おとが》を命じるので、老女衆と留守居年寄は油断なく命じ、用人と広敷番之頭はとくに万端細かに心を付け、問題があれば、その節は早速に相談して報告すること。万一、右の両役からの報告が遅々に及べば、越度《おちど》とする。かつ、用人は風が烈しい時は長局《ながつぼね》辺りを見廻ることになっているので、平日ともに見合せて廻ること。

広敷向の以前からの定書とは、奥方法度のことである。これを従来通り厳守することを基本としつつ、古来よりの仕方が失われ、緩んでいるので、数か条を新たに定めるとしている。また、七つ口に張り出されたところに明らかなように、七つ口を通用口とする下級の男女の役人や使用人にこの定書を周知することが第一の目的にあった。その対象は、具体的には、下男・黒鍬者といった男性下級職、女中部屋に雇われた部屋子や五菜男であり、その勤務規定が詳細に取り決めてられている。これまでみてきた大奥法度にはない規定もあるので、以下に条文を丁寧に読んでいくことにしたい。

なお、近世後期の規定なので、天璋院の中臈を勤めた大岡ませ子や和宮の三之間うたの部屋方を勤めた女中（大野若三郎の母ちか）の時期とも重なるので（三田村鳶魚《みたむらえんぎょ》『御殿女中』）、これらを参照しつつ解説を加えたい。なお、関連する条文をまとめて説明するので、条数は前後している。

七つ口の出入り

七つ口とは、女中たちの部屋方（部屋子・使用人）の出入り口であり、暮の七つ時（午後四時頃）に〆戸が閉まるのでその名がある。

下級女中たちは、長局の各部屋をつなぐ廊下の先にある〆戸を通り、七つ口を出て、その先にある広敷門・切手門・平川門へと抜けて外出する。つまり、七つ口は下級女中が大奥から外出する際の第一の関門であり、その出入りを見張るために添番の詰所と伊賀者の詰所が置かれていた。

外出だけでなく、さまざまな用向もこの七つ口で行なわれた。添番と伊賀者の詰所に並んで、幅約一間（約一八二センチ）の土間があり、外部と接触できる窓口が開いていた。丸太の勾欄《こうらん》（手すり）が設けられており、ここが部屋方の買い物口で、勾欄の外部に詰めている者と用向きをかけあった。

勾欄の外には八百屋・魚屋・料理屋などがいて、あらゆる物を売っていたという。「万《よろず》屋《や》さん」といって呼ぶと、「オイ」といって来る者は料理屋、「いかり屋さん」といって来る者は両替屋という具合だった。万屋は部屋方の料理を担当し、七つ口の外に詰めていて赤飯でも菓子でも何でも調達してきた。碇屋《いかりや》に「何屋の何」と注文すると、朝出したものが晩には調ったという。

その七つ口に貼り出された定書の第一条では、御錠口の〆り《しま》について、「古来の通り、内外両〆りにする。右の〆り以後、もし火事や急用がある場合は、早速明けられるように、鑰《かぎ》を預かる表使と広敷番之頭が、常々油断なく心掛け、早々に間に合うようにすること」と定められた。

下の錠口の開閉

表使は広敷向に設置された下の錠口を管掌し、老女の指図を受けて大奥の買い物を取り仕切り、留守居年寄や広敷役人との渉外を担当した女中であり、その役柄から老女の次に権力があった。その表使とともに広敷番之頭が鑰を預かり開閉を管理する〆戸とは、広敷向に設置された下の錠口のこととなる。錠口は畳敷の廊下にあり、杉戸を立てて仕切りとしていた。その杉戸を広敷側と奥側の双方から鑰を閉め、夜間の通行ができないようにした。錠口の錠を内側は使番（女中）がおろし、外側は伊賀者がおろし、その開鎖には内より表使と使番、外からは広敷番之頭と伊賀者が立ち合って鑰をかけ、双方が提灯を置いて一礼して終えた。開閉の時刻は、時刻を知らせる太鼓の音を合図に、暮六つ（午後六時頃）と朝六つ（午前六時頃）であった。

奥方法度では、夜中に急用があった場合は老女から広敷番之頭の当番に手形を渡して断れば切手門などを通って外出できると定められていたが、実際にはまず錠口の両側から鑰を明けて錠を外さなければ出入りができなかった。夜間の出入りが、いかに面倒だったたかがよくわかる。

七つ口の開閉

では、七つ口の開閉はどうなっていたのだろうか。七つ口は夕七つ時（午後四時頃）に添番・伊賀者・〆戸番が立ち合い、女中側からは使番がきて錠を締めた。つまり、下の錠口よりも二時間ほど早く締まる。

使番は、大奥女中の最下位の役職である半下《はした》の上に置かれた下級職であり、日中は下の錠口のある廊下に接した番部屋に詰めて、下の錠口の出入りを奥側から管理していたが、七つ口の〆戸の開閉も担当していたのである。とはいえ、七つ口の〆戸の鑰は、広敷向の〆戸番が預かった。朝は朝五つ時（午前八時頃）くらいに開く。日中は、〆戸番が袴を着けて〆戸に隣接した番役所に座りこみ、出入りを監視した。

このように、七つ口が夕方四時頃に先に閉まり、次に六時頃に下の錠口が閉められた。開くのはその逆で、錠口が朝六時頃に先に開き、七つ口がそのあと八時頃に開けられた。ただし、切手門は申刻つまり七つ時（午後四時頃）に通常の通行ができなくなるから、七つ口が七つ時に閉まるといっても、七つ口周辺に詰めている用達《ようたし》商人たちは七つ前に撤収を始めなければ切手門を出ることができなかったことになる。大奥の夜は早い。

なお、第五条では、「全般に女中が召使う女（部屋子）は錠口より出入りをさせず、七つ口より出入りをさせること。出入りの女は、笠は広敷門の外にて着し、下駄・足駄《あしだ》（雨の日に履く高い歯の付いた下駄）は七つ口より内側では一切はかないこと」と規定された。

ここから、女中の使用人である部屋子は、錠口ではなく七つ口からの出入りを原則としていたとわかる。

また、大奥への訪問は、女に限ることではなかった。元治二年（一八六五）に大奥に出入りを許されていた高野平八という老人に連れられて、新造なったばかりの二の丸大奥を見学した錦織五兵衛の体験はよく知られている（『東武日記《とうぶにっき》』）。

その際に五兵衛は、「七ツ口より麻裏草履にて何の苦もなく昇殿の人多し」と女中が麻裏草履をはいたまま七つ口の内側の廊下を乗り降りしていることに驚き、自身も履物を履いたまま中へ入っている。大奥内では草履が基本であり、足音のする下駄や足駄は避けられたのだろう。

来客時の対応

第四条では、「客を呼ぶ時は、親類そのほか、やむをえない事情がある者は、留守居年寄に断り、その指図を受け、宿泊は二夜までとし、大名家からの女使《おんなづかい》は到着次第に留守居年寄に届けること」と定められた。つまり、第五条にある「出入りの女」とは、まずは女中の親族や御城使（女使）である。

享保六年（一七〇九）の女中法度に定められたように、宿下がりが許されない上級女中は親類を大奥長局向の部屋に呼ぶことができた。よって、これはその第三条・第四条の再確認ではある。ただし、享保六年には、御城使（「女使」）を宿泊させる場合のみ届けが必要とされていたが、ここでは宿泊を伴わなくても参着次第に留守居年寄への報告が義務づけられている。

大名家では特定の大奥女中に御用頼みになってもらい、相互に音信をして交流を欠かさなかった。また、節句の儀礼に加えて、慶弔儀礼が重なれば、御城使は月に十日以上を登城することもあり、その前後には御用頼みの女中から情報を得るために文通の往来などを継続していた。幕末には大奥と交流を持つことができた大名家は増加して二十七を数え、御城使は当主付・本妻付・隠居付と複数がいたから、少なくとも五十人を超える御城使の女中が大奥への登城を繰り返していたことになる。それらの来訪のつどに、表向の芙蓉の間に詰めている留守居年寄の所まで連絡が入ったとすれば、伝達は徒歩で使者が出向いていたと考えられるので、奥と大奥とを仕切る土戸の往来は頻繁になっていたと考えられる。

長局に出入りする女商人

このほかには、元女中、あるいは平日、部屋に出入りをしている物売りの婆さんたちがいた。彼女たちも元女中だったという。こうした女たちの確認のために、広敷門に入る手前で笠をはずして顔を改められるようにと定めていた。

「七つ口定書」が再令された五か月後の嘉永六年（一八五三）十月二日には、老女に別の達書が命じられた（「諸事留」九）。

大奥長局向へ部屋方女の積《つも》りにて、女商人ども荷物など相連れ多人数罷り越し逗留致し居り候ものもこれある由に相聞こえ候、大奥向の儀は、御取締り肝要の場所柄に候処、右体《てい》、身元不慥《ふたし》かなる者数多立ち入り候はば、火の元のためにも宜しからず、第一、御取締り筋に拘わり候間、向後《きょうこう》、女商人の類、一切立入申すまじき旨、女中向々まで厳しく申し付けらるべく候、尤も、女中向用達町人どもへは商ひ物、成《なる》たけ下値に相納候よう仕るべき旨、御広敷番之頭支配之者より厳しく申し渡し候筈に候事、

長局の中に、部屋方で雇われた女のようにして女の商売人が大勢入り込み、逗留していることが問題となった。取締まりや火の用心のためにもよくないので、今後は一切そのような者を入れないようにと命じ、加えて用達商人から購入する物品は、高額な物を売りつけないように広敷番之頭の支配筋より厳しく命じたとの旨であった。

とはいえ、大岡ませ子の回想では、毎年七月十日の「四万六千人日」（火之番の詰所へ観音様を飾る行事）には、「平日部屋部屋へ出入している物売りの婆さんたちが店を出す」としており、女商売人が長局に入りこむことが禁止されたとはしていない。よって、この通達にどれほどの効果があったのかは疑問である。

なお、右の通達は、まず九月二十九日に達案を若年寄の遠藤但馬守胤統《たねつね》から月番老中阿

部伊勢守正弘に渡して、十月二日に奥で将軍の決済を受け、同日、阿部から留守居年寄に命じて老女衆へ通達させた。この時期の老女は、家慶から家定へと代替わりがあり、双方の老女が打ち交じったので、万里小路《までのこうじ》・歌橋・飛鳥井・やち・岩岡・浜岡・瀬川・瀧山の順となっていた。これら部屋方に出入りをする女の商売人を禁じるにあたり、老中・若年寄らが評議した内容を月番老中から将軍にあげて、その決済後に月番老中→留守居年寄→老女へと申し渡しの手続きがなされたという点においても、大奥の運営に老中たちが深く関与していたことがわかる。

外出時の乗物

上級女中が外出する際に使用する乗物に関しては、「女中が乗物に乗る場所は猥りにならないよう、古来通りに心得ること」（第十七条）、「中《なか》居《い》以下が無断で乗物を使うのは無用とすること」（第十八条）という規定がある。

乗物とは、駕籠《かご》のことである。各部屋に釣ってある駕籠をおろして、御広座敷の下の間（「下御広敷」）から乗って出る。広敷門（「御広敷の口」）までは下男が担ぎ出し、そこから先は人足が担いだ。その場所が古式通りではなく乱れているというので、各部屋からそのまま乗って出るようなこともあったのだろう。なお、奥方法度では、女中が駕籠でそのまま錠口を通る場合は、表使が駕籠の戸を開いて改めるよう取り決められていた。

駕籠には格式があった。老女や中﨟は紅網代《べにあじろ》、表使は鋲打《びょううち》、次・右筆は青漆《せいしつ》、それより下は莫座包みという四ランクがあった。中居以下は、許可なく乗物を使えなかった。

老女は自前の駕籠を持っていたが、拝借する者の方が多かった。というのも、老女瀧山の紅網代真鍮紋の駕籠は三十両かかったというから、一両を十万円で安く見積っても三百万円である。私用の外出だけでなく、寺社への代参や大名家への使者役などの公用でも用いたから、それらの公用を今風にいえば自家用車で勤めていたことになる。ちょっとやそっとの支度金を貰ったぐらいでは、老女の役はつとまらないことがよくわかる。

なお、姫君は御広座敷の先にある御客座敷まで駕籠で通ったため、駕籠を受け取った半下十人が五人ずつ前後に分かれて肩を入れたが、姫君へ尻を向けてはならないので、前を担ぐ半下はうしろ向きに歩かねばならなかった。また、半下の格式は目見え以下なので、姫君が駕籠から降りる時には、目に止まらないように這って退き、誰もいなくなってから駕籠の戸が開けられた。帰る時はその逆で、姫君の駕籠の戸が閉まってから半下が出てきて担いだ。

大工・人足の出入り

大奥で普請や修復作事があると、大工やその資材を運搬する人足の出入りは避けられなかった。「七つ口定書」の第二条では、「御座敷向の普請は、新規は勿論、住居替えなど、少々のことであっても、老中へ伺い差図に任せること。ただし、いかがと思われる場合は老中へ達するまでもなく、留守居年寄の了簡で止めさせること」、第三条では「御座敷向の普請がある場合は、前々は職人や人足などが御庭口より出入りをしていた。もし、そのようにできない所は御座敷を通らせるとのことなので、そのように心得ること。御座敷を通らざるをえない時は、広敷番之頭より留守居年寄へ達したうえで通すこと」と定められた。

新規のみならず住居替えが問題となっているところから、御座敷向とは長局向にある女中部屋のことを指している。女中部屋の修復や住居替えに関しては、正徳三年（一七一三）に各職階に基づいて、畳から障子や棚にいたるまで詳細に取り決められていたことをすでにみた。

しかし、ここでは少々のことでも何か普請をする際には、必ず老中に伺いを立てねばならないとし、伺うまでもない場合は、留守居年寄の判断で却下させると定めた。普請の費用は幕府の財源で賄われるため、無用の出費を抑えることが目的だとしても、老中はこのような大奥の小事にまで逐一関与していたのである。寛文十年（一六七〇）に女中法度が定められて以来、老中は大奥の諸事に介入を強めるようになったが、その最終的な到達点をここに見出すことができよう。

また、元和期の奥方法度（元和四年・元和九年）では、普請の際には広敷番之頭相当の者が同道して大奥の中に入れることと定めていたが、その後の法度では役人のほかは「奥の御台所」（御広座敷）にきてはいけないとだけ定められていた。この条項により、大奥の男人禁制が厳格化されたようにみえるが、実際には普請や掃除などの場面で、男が錠口の内部に入らざるをえなかった。その場合に、大工や人足は広敷向の玄関口ではなく、庭の方（御庭口）から出入りをすることが原則だったことがわかる。おそらく、非常口の封印を解いて出入りをさせたのだろう。庭から入れない場合は、女中のいる御座敷を通らせる、つまり七つ口から女中部屋側に通してよいことになったが、その場合でも広敷番之頭から留守居年寄の許可を得る必要があった。

女中部屋の修復

「七つ口定書」では、女中部屋の修復に関して三か条が取り決められた。

一、長局の各部屋の間数などは役々の取り決めがあるので、新規の建増しや住替え、物数寄《ものずき》な作事は一切しないこと。以前より自分好みにするようなことは許可していないので、今後も願い出ないこと。ただし、部屋替えなどの時に通常のことを願うのは格別に許可するが、自分の好みにあうよう新規に願うことは許されない。どうしても事情がある場合は、その理由を老女に伝えて、留守居年寄の差図に任せること（第十四条）。

一、長局の修復は、近来は多くなり、一度修復をしても、すぐに修復となる。これほど多いのは紛らわしいので、修復願いを普請懸りの広敷番之頭まで提出し、留守居年寄がよく承知したうえで命じること（第十五条）。

一、長局の修復を小普請方が取り掛る時は、前もって日限が決められているので、勝手に自分の用事で延期しないこと（第十六条）。

正徳三年（一七一三）には、長局の部屋のしつらえに関しては格式に応じて細かな規定が定められたが、その後も女中たちが住居のリフォームを大奥の普請を担当する小普請の者にプライベートで依頼するということが頻繁におきていたらしい。

また、享保六年（一七二一）の女中法度では、普請が必要な場合は老中への伺いが必要となっていたが、ここでは広敷番之頭の普請担当に修復願いを担当し、留守居年寄の指図に任せるようにと変更になっている。

江戸城本丸は、寛永十六年（一六三九）に大奥から出火して本丸が全焼し、明暦三年（一六五七）には有名な振袖火事により、本丸・二の丸・三の丸の各御殿を全焼した。その後、再建されて、天保十五年（一八四四）に本丸を全焼するまでは火事はなかったので、さぞ老朽化が進んでいたことだろう。再建された本丸は、安政六年（一八五九）の火事で全焼し、改めて再建されたが、文久三年（一八六三）に本丸・二の丸・三の丸の各御殿を焼失すると、以後は二の丸のみ再建され、本丸・三の丸は再建されなかった。要するに、本丸は江戸期を通じて五度焼失し、四度再建された。

そこでこれを踏まえれば、「七つ口定書」が出された嘉永六年（一八五三）であれば、まだ再建から十年足らずなので、それほど老朽化が進んでいたとも思えない。とはいえ、女中たちの要望により、頻繁に大工や人足たちが長局に出入りを繰り返していたとわかる。

添番・伊賀者・下男　大工や人足以外にも、大奥内に出入りを許された男たちがいた。第六条では、人の乗っていない乗物や銘々の諸道具を錠口から出し入れすることを禁じるので、以後はそのように心得ること。ただし、七つ時以後、七つ口が締まった場合は、乗物などは下男頭に命じて、広敷の内に置かせること。第十二条では、長持や炭・薪・水の桶は、以前は錠口より内側は半下が持ち、外側は下男が持っていたので、今後もなるべく右の通りに心得ること。ただし、女の手に合かねる物は格別なので、そのような物は唯今までの通りに下男に持たせること、と定められた。

既述のように、女中が乗物で外出する場合は、御広座敷から乗って錠口を出た。幕末の絵図では、来客用の玄関とは別に、その左側に下御広敷の出入り口が設けられており、ここから女中の乗物を出した。部屋子のタモン（炊事を担当する下女）が担いでいくが、自分の部屋子だけでは足りないので、近隣のタモンが手伝う。女中が宿泊して乗物だけが戻る場合や単なる道具は七つ口を通し、すでに七つ口が締まった場合は、第七条のようにまだ開いている広敷の内側に置き、その差配が下男頭に命じられた。下男は錠口の内側に入ることができるので、タモンの代理で乗物を移動させる力仕事を担っていたとわかる。

長持や炭・薪を運び入れるのは、第七条にあるように七つ口と考えられる。第十二条で錠口の内側としたのは、女と男の境界を象徴的に示したものだろう。つまり、錠口から内側は重い物であっても最下級の女中である半下が持つことが基本であったが、どうしても難しい場合は下男に持たせることが許されていた。ただし、いずれの場合でも、下男は複数で従事するか、単独の場合は添番と伊賀者が監視のために付いて行ったと考えられる。

たとえば、堀井戸の釣瓶縄《つるべなわ》などを修復するのは下男の担当であった。下男が修理をして廻る際には、添番と伊賀者が必ず付いて行った。つまり、下男が大奥内部に入れるといっても、一人で大奥をうろつくようなことはないのである。これら大奥における伊賀者とその周囲の人々の活動については、高尾善希の研究でも詳述されている（『忍者の末裔』）。

ちなみに、幕末には火事が相次いだため、本来は暮の六つ時になったら錠がおろされるはずの錠口を閉めなくなった。これを「御立附《おたてつけ》」という。女中を逃がすためだけでなく、長局向に男が入って火の用心を見廻るため、いちいち錠をおろさないで開けておくようになったのだという。見廻るのは、添番・伊賀者・下男が三人で提灯を持って広い長局を廻り、竈《かまど》のある所、火のある所をみて回った。女中の火之番も見廻っているから、二重に火の用心をしたことになる。男が長局に入って夜間に火の元を見廻るのは幕末に限ったことだろうが、これほど普段から男が大奥に入っていたのであれば、ここで男人禁制の原則が壊れたというほどのことでもないだろう。

五菜男の出入り

次の第七条では、五菜男が大奥法度にはじめて登場する。これは、古来から土間より上へ上げない決まりなので、以後はそのように厳重に心得て、土間より上へ上げないこと、と決められた。七つ口には土間があり、そこから板の間に上がり、〆戸を通って長局の女中部屋に入る。大岡ませ子も、「これは男ですから部屋へは来られません」と断言したように、五菜男は〆戸を通って女中部屋に来ることはできなかった。この条文からも、五菜男は七つ口にある土間より内側の長局には入れないことを原則としていたことがわかる。

ただ、実際にはこれが緩み、五菜男が〆戸を通って女中の部屋まで出向くことが横行していたのだろう。そうした不埒者を取り締まるため、今回の定書では古来通りに土間より上には上げてはいけないと本来の状態に戻すように命じられたのである。

常駐した黒鍬者

第十一条では、大奥内の所どころおよび長局の水汲みは、前々は半下がしていた。しかし、御用が多いといって平日は黒鍬者に水を汲ませているようなので、できるだけ半下が水汲みをすること。来客用の水が必要な時に、半下が水を汲む手回しがよいように、半下の手近に井戸を設けている。以前は男に水汲みをさせていないので、黒鍬者が居合せない時は、前々の通りに半下が水汲みをすると心得えること、と定められた。

このように、大奥の水汲みは、井戸から女中の半下が汲んで運ぶことになっていたが、ほかの仕事を理由に黒鍬者に水を汲ませるようになっていたらしい。井戸は半下の便宜を考えた場所に設けているのだからと、水汲みは半下の仕事であることが再確認された。なお、長局で使う水汲みは部屋子の担当で、玄蕃《げんば》桶という大きな桶にいっぱい水を汲み、丸太棒にぶらさげて女が二人で担いで配って廻った。

第十三条では、長局の掃除は、以前は各部屋の主人から下女に命じ、銘々の部屋へ渡して置いた塵匣《ちりばこ》に塵芥（ごみ）を入れて置き、たまれば一か月に六度ずつ人足に取り捨てさせているとのことだが、今後はその主人の下女に命じて、前々のごとくにさせること。近頃は掃除改役を命じている旨であるが、この役は止めて、毎日詰めさせている黒鍬者も止めさせること。火之番が見廻りの際に心を付け、掃除をしていない者の主人ごとに注意し、従わない者は表使へ届けること、と定められた。

つまり、女中部屋の掃除に関しては、部屋子の下女が出たごみを塵匣に入れ、ひと月に六度、人足に捨てさせているが、元通り下女にさせるようにと命じられた。大岡ませ子によれば、御殿向のごみは次《つぎ》女中が三の間女中に出し、三の間女中が末女中に渡し、「ヂンコ箱」に入れておく。各部屋の「ヂンコ箱」も日々、縁側《えんがわ》に出しておく。そうすると、「御雇いぢぢい」がきて、掃除をしてくれるのだという。三田村鳶魚が古翁に聞いた話では、この「御雇いぢぢい」は黒鍬者のことで、末女中の荒い仕事を助けるのが職分だった。ということは、大奥に配属された黒鍬者は、下男と同様に日常的に大奥に入っていたことになる。条文でも、毎日詰めさせている黒鍬者を止めるようにと命じている。

幕末に黒鍬者は江戸城全体で四百七十人ほどおり、黒鍬者之頭三名のもとで三組編成となり、各組に組頭六人を置いて勤務した。各自の公的な勤務とは別に、女中たちが個別に賃金を払って黒鍬者を雇い、ごみ捨てに当たらせていたのかもしれない。

一方、三田村鳶魚は長局のごみ捨てについて、次のように述べている。

長局の各側《かわ》の両端にある芥溜（ごみため）は、黒鍬でない別の人足が取りに来る。この時は封印のある締りを開けて出入りさせる。芥溜は蓋のない箱で、人足は大きな笊《ざる》を担ぎ、丸い鉄の爪の二本ついた棒を持って来て、塵芥を掻き出していた。

長局には出火などの緊急時に女中を逃がすための非常口が設けられていたが、日頃は外と内から錠をおろしていた。この錠の外側は広敷番之頭の印を押したもので縛って封印をし、内側は同様に留守居年寄の印を押したもので封印をした。これを毎日、当番の添番と伊賀者、当番を終えて帰る添番と伊賀者が二人ずつで、延々と全部を見て回った。時々、錠はおりているのに、封印がなくなっていることがあったが、これは「カラスがいたずらをしました」と断れば、大きな問題にもならずに新しい封印を留守居年寄からもらえたと、幕末に添番を勤めていた山中平蔵が証言している（山中笑「江戸城の大奥」）。

これを第十三条とあわせて考えれば、ひと月に六度、人足を通すために封印を解いていたことになる。鳶魚は山中から色々な話を聞き取っているから、右の鳶魚の解説にも信憑性がある。鳶魚の解説が正しい方法だとすれば、人足は七つ口を通って塵集めをするのではなく、非常口から出入りをしていたのである。あるいは、掃除改役や黒鍬者を詰めさせておくこともやめさせて下女に捨てさせ、火之番が見廻った時に注意して、不届き物は表使に報告することと命じられても、ませ子の証言からは、黒鍬者たちによる塵集めはその後も続けられたのだろう。

以上のように、大奥の日常生活において、添番・伊賀者・下男・黒鍬者は頻繁に大奥の錠口の内側に出入りをしているのが実態であった。

江戸城大奥のゆくえ——エピローグ

本書では、大奥《おおおく》における女と男の役割について、大奥法度《はっと》を丁寧に読み解くことで具体的に明らかにしてきた。十七世紀前半には女性が大奥から表向《おもてむき》に出ることを制限する風潮となり、江戸城大奥では奥方《おくがた》法度を次第に整備することで、男が大奥の中に入ること、大奥に入った女が外に出ることを法で制限するようになった。

男人禁制の実態

しかし、その実態は男人《なんにん》禁制といえるような内実を伴うものではなかった。とくに、儀礼（年中行事・祈禱）、普請・掃除、病気の診断、重い荷物の運搬、非常時（火事・地震など）の場面では、男が大奥の中に入ることは避けられなかった。つまり、女中法度に先行して定められた奥方法度は、男女が大奥に出入りをする際の手続きを取り決めたものであり、女中のみを取り締まることを目的に出された法度ではなかった。しかも、女中に向けて命じられたのではなく、男性の広敷向役人《ひろしきむきやくにん》に対する勤務規定として命じられたものであった。

しかし、寛文十年（一六七〇）に女中法度が定められると、これ以降、表向の男性役人が大奥に深く介入するようになり、女中の行動は男たちによって管理されるように変化していった。とくに表向の男たちにとって弊害に思われたのは、大奥で女中たちが直接、将軍に願いごとをする内証《ないしょう》行為である。はじめは表向に関することを内証で将軍に願い出ることを不可としていたが、次第に大奥内部の人事や所用であっても、留守居年寄《るすいとしより》を通し、老中から将軍に願い出るように意思決定のルートが整えられていった。つまり、幕府職制上で大奥のトップに位置するのは老女（上臈御年寄《じょうろうおとしより》）だと考えられてきたが、その上位に留守居年寄や老中を位置づけておく必要がある。大奥を女の世界のみに閉じて理解していては、その全体像を見失うことになろう。

「柳営勤役録《りゅうえいきんやくろく》」では老中の職務について、「惣《そう》じての御用向、月番にてこれを達すといへども、前々請取候の御用向これ有り、或は大奥御女中方御用、或は御馬御用・御鷹御用、勝手方御用など、品々有り、その外臨時に　仰せ付けらるる有り」と説明し、『明良帯録《めいりょうたいろく》』では、「お掛りは、大奥向・御勝手向等御一座にて御心得」と説明する。要するに、老中の職務の中には、大奥女中の用件が含まれていた。老中は、表向はもちろんだが、奥《おく》向《むき》の奥（「勝手方」）に関することに加え、奥向の大奥（「大奥向」）に関することもその職掌としていたのである。

老中の権限

大奥からの願いや伺いの決済を記録した「女中帳」をみると、多くの案件が留守居年寄から老中を通して将軍の決済を受けた事例を確認することができる。また、稀にではあるが、諮《はか》った案件が差し戻しになった例もある。

たとえば、享保二十年（一七三五）七月に、天英院《てんえいいん》（六代将軍家宣《いえのぶ》の妻）付老女の秀小路から留守居年寄の大久保忠位《ただたか》を通じて、京都から小上臈（主人の相手や身の回りの世話をする女児）を一人呼びたいとの天英院の意向が伝えられた。しかし、老中の松平乗邑《のりさと》は諸事情から来春に延期するべきと考え、「御聴に達せず」と自らの判断で事案を却下させた（図11）。この事例からは、老中が大奥の人事に関して大きな権限を有していたことがわかる。文献によっては、大奥を差配していたのは留守居年寄であり、老中の関与は名目的だったと説明したものもあるが、そのような評価は再検討される必要がある。

また、老中は月に一度、大奥に入って将軍の御小座敷を検分した。一人の時もあれば、三、四人の時もあったという。これに関しても、御鈴廊下《おすずろうか》を通って大奥に入ったと説明した文献があるが、これは明らかな誤りである。正しくは次のようなルートを通る。

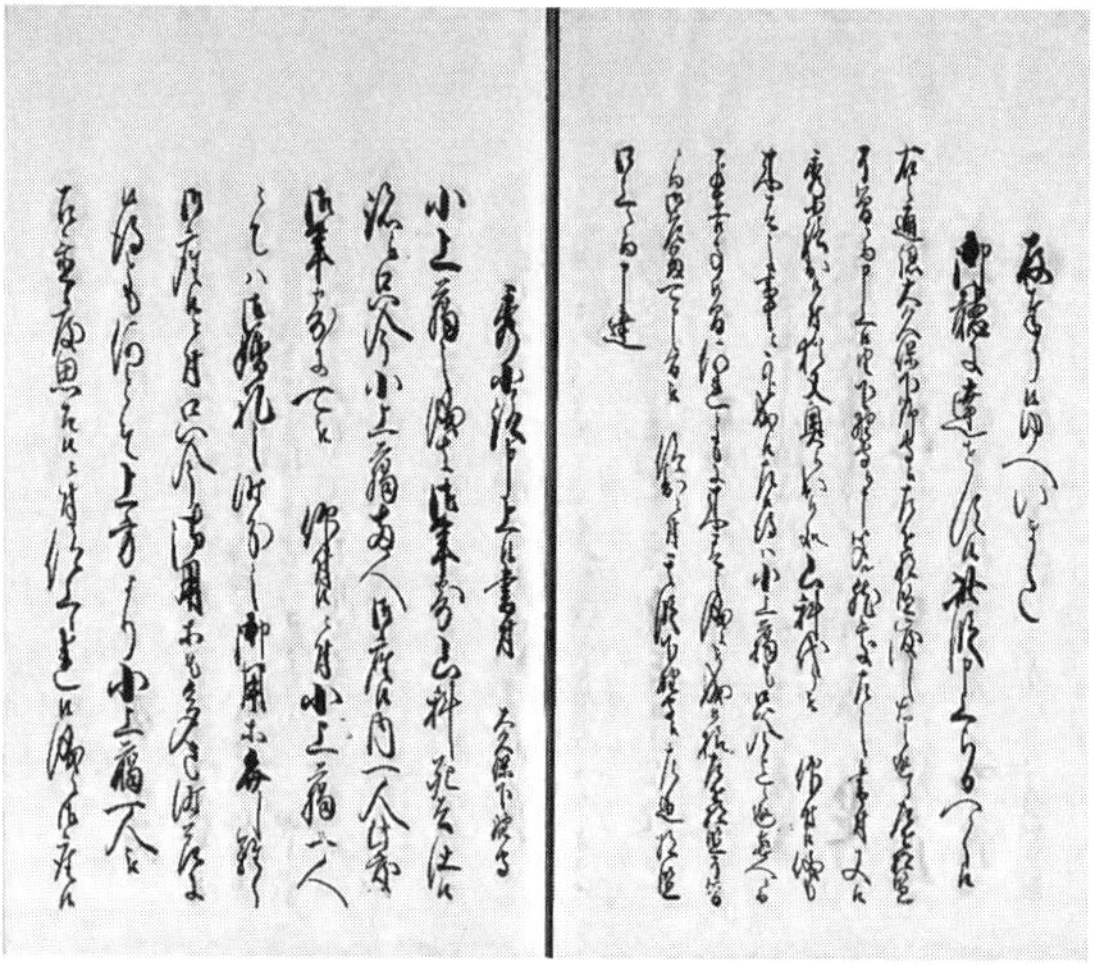

図11　「女中帳」（右頁２行目に「御聴に達せす候」とみえる。国立公文書館所蔵）

①七つ時の太鼓を合図に添番《そえばん》が錠口《じょうぐち》の外に並んで控え、「御入り」との連絡があれば用人《ようにん》と広敷番《ひろしきばん》之《の》頭《かしら》が出迎え、老中一人に添番二人が付き添う。

②広敷向にある錠口から中に入ると、女中の使番《つかいばん》・表使《おもてづかい》・御客応答《おきゃくあいしらい》が案内して直ちに御小座敷へ入り、着座すると、将軍付の老女と中年寄が出てきて挨拶し、茶菓子などで接待をする。

③その後、老中はもとの通路を引き返して錠口から出る。

留守居年寄も月に一度（二十五日が基本、二の丸は月に三度）、長局向《ながつぼねむき》を検分して回ったが、これの応対は表使であった。このように、老中と留守居年寄が分担して大奥を検分して廻っていたが、大奥で老中が留守居年寄より重職として扱われていたことが、この対応差からもよくわかる。

このほか、勘定奉行・目付・納戸頭《なんどがしら》・右筆《ゆうひつ》・賄頭《まかないがしら》・細工頭《さいくがしら》が大奥の運営に携わっており、留守居年寄を通じて、女中の給与、任免に関わった。右筆は先例等の取り調べや決済事項の書記、賄頭は食事の材料を調達して大奥台所に納める関係であり、納戸頭は呉服御用、細工頭は作事御用で大奥の御広座敷に実際に出向いて折衝した。

閉鎖的な大奥

このように、大奥は女と男の協業によって運営されており、必要があれば男が錠口の内部に入ることもできた。ただし、一人で入ることは許されず、必ず複数で行動した。法度の規定では広敷番之頭が同道する取り決めだったが、日常的な軽微なものは添番・伊賀者《いがもの》や下男《しもおとこ》が複数で付いて廻った。たとえば、月に一度の留守居年寄の見廻りは下男が先に立ち、「おまわり〳〵」と触れる。これに女中の使番、表使が付き添った。ただし、廊下を見て廻るだけであり、女中部屋の中を改めるわけではなかった。大岡ませ子は、「別に何という事もありはしません」と淡々と回想している。

要するに、男が一人で錠口の中に入って来ることはなく、必ず複数で入って相互に監視をしあっていた。また、男が入ってきた場合は、上級女中たちであれば男の目にふれないように身を隠した。七つ口に出て来る部屋子は下級職なので、その姿を男に晒しても問題はなかったのだろう。

そうした点を踏まえれば、本書で明らかにしてきたように多くの男たちが大奥に入っていた実態があったとしても、大奥が外部から閉鎖的な空間であるという基本的属性を根底から否定することはできないといえよう。こうした強固な属性により、大奥で暮らす女中は駕籠《かご》の中の鳥であり、大奥に閉じ込められて自由を奪われていたという負のイメージで描かれることになったのであり、そのことが間違っていたわけではない。

それを認めたうえで、改めて錠口の中に男を入れてはいけない理由は何だったのかを考えてみたい。

一つには、大奥で将軍に奉仕する女中の姿が将軍以外の男の目に晒されることを避け、その品位を守らせる必要があったというものである。そうした側面は確かにあったといえよう。家康《いえやす》から鷹狩りへの同行を許された女性たちも、その露わな姿が他人の目に晒されないように気を配っていた。

ただし、それが本質的な理由ならば、大奥に仕えた女中の外出は一切禁止されるべきである。にもかかわらず、元和四年（一六一八）の奥方法度では女中の外出を禁止しておらず、夜間の出入りを禁止したにすぎない。これは、その後の奥方法度でも同様である。実際に女中たちは外出や宿下《やどさ》がりを繰り返していたし、上級女中の場合は大奥の外に広大な屋敷地を与えられており、休息のために宿下がりをすることもあった。

大奥での佩刀禁止

そこで視点を変えて、女の側からみて錠口の内側に男を入れさせなかったことのメリットがあったとは考えられないだろうか。寛文十年（一六七〇）に女中法度が制定される前の大奥は、女たちは自らの意思で大奥を閉鎖的な空間とし、男を排除していたのである。その目的の第一は、男たちの暴力から身命を守ることにあったのではないだろうか。

実は、男たちが錠口の内側に入る場合に、帯同してはいけないものがあった。それは刀である。

老中が錠口から中に入る時は、錠口の外まで剣を左手に提げて入ってきて、錠口の内側に控えている添番に刀を渡す。添番は袂《たもと》を持ってその剣の一部分をつかみ、片方の袂を添えて剣を持つ。そして、老中の用が済むまで、そこに刀番として控えた。老中の用が済み、外に出る時に、刀の方を自分側にむけて返却した。つまり、老中は脇差《わきざし》のみを差して錠口を通ることが特権的に許されていた。これを特権的と理解するのは、次のような法度が出ているからである。

元禄八年（一六九五）七月十二日には、大奥へ入る時の佩刀《はいとう》のしかたについて定められた（「教令類纂」）。

覚

一、今後、大奥では留守居年寄は脇差を「御広敷」に置き、添番三人を脇差番につけて置き、奥へ通ること。御用があり、御座敷内の「御袋様」まで参る時は脇差を差し、御座敷の入り口に脇差を置き、付き添った添番三人をすぐに脇差番に置くこと。付《つけた》り、付き添いの添番は、脇差を差さないこと。

一、用人、広敷番之頭、次に添番、侍衆、伊賀者は、御広敷番所に脇差を置き、奥へ通ること。

一、医師衆、小普請奉行、台所頭、これまた同前のこと。付り、普請奉行が「御庭」を通り奥へ行く時は、刀と脇差を一緒に家来に持たせておくこと。

錠口を通って奥に入ることのできる者の大よそがわかる。まずは、留守居年寄だが、第一条で今後は脇差を広敷向で添番に預けて奥に入ることになった。つまり、これまでは老中と同じように脇差は許されていたのだろうが、今後は大小を腰から抜いて丸腰で入ることになったのである。例外的に「御袋様」(綱吉の長女鶴・長男徳松の生母、小谷伝《こやでん》)の「御座敷」に出向く際は脇差を許すが、その場合でも座敷の入り口で脇差を添番に預けることになった。言い換えれば、将軍綱吉や御台(鷹司信子)の用事で奥に通る時は丸腰だが、生母とはいえいまだ側女中《そばじよちゆう》の小谷伝に対面する時は脇差のみを許され、部屋に入る時は丸腰で入った。なお、付添の添番はいずれであろうと、丸腰である。

用人・広敷番之頭・医師・小普請奉行・台所頭、これに付き添う添番・侍・伊賀者は広敷番之頭の番所で脇差を抜いて奥へ入ることになった。なお、既述のように幕末に医師は奥方にある御台の住居まで脇差が持参できたので、時期により多少の変化がある。

男の尊厳

変わって天保十三年（一八四二）には、大奥御殿向やそのほかの修復で普請掛りや添番・伊賀者が奥方へ入る時は錠口内での帯刀を許すことになった。その理由は、次のようであった（「御書付留」）。

御目見以下の者は御錠口内帯刀成り難き仕来《しきたり》の由にこれ有り候えども、このたび御普請所御取締のため、御勘定方・御目付方御場所へ立ち入り、立合相勤め候よう仰せつけられ候に付ては、向後《きようこう》、大奥向にて候とも、立合相勤候者は、御目見以下の者も御錠口帯刀候よう申渡候、

従来は目見え以下の者、つまり御家人から下の者は、錠口の内は帯刀不可であった。しかし、何かあった時に丸腰では取締りにならないため、普請場に出る勘定方と目付方は目見え以下であっても帯刀を許すことになった。これは老中から留守居年寄に申し渡され、留守居年寄から老女に通達された。このように、大奥内には特別に許可された者以外は、

刀・脇差を持ちこむことはできなかったのである。

新渡戸稲造《にとべいなぞう》は『武士道』第十三章を「刀・武士の魂」と題し、武士にとって刀を帯することがいかに大切であるかを説いている。

この武門に入る最初の儀式（元服—筆者補）終りて後、彼はもはや彼の身分を示すこの徴《しるし》を帯びずしては父の門をいでなかった。（中略）十五歳にして成年に達し、行動の自由を許さるる時に至れば、いかなる業にも用うるに足る鋭利なる刀の所有を誇りうる。この兇器の所有そのものが、彼に自尊ならびに責任の感情と態度を賦与《ふよ》する。「刀は伊達《だて》にささぬ」。彼が帯に佩《お》ぶるもの—忠義と名誉の象徴である。大小二本の刀—大刀小刀、もしくは刀脇差と呼ばる—は決して彼の身辺を離れず、家にありては書斎客間のもっとも目につきやすき場所を飾り、夜は容易に手の届く所に置かれて彼の枕頭《ちんとう》を守る。

要するに、武士となったからには、その身分標識である大小二本の刀を身辺から離すことはない。逆にいえば、武士が大小二本の刀を身辺から離すということになれば、その尊厳は失われた。また、刀は武士の名誉の身分標識であるとともに、間違いなく凶器であった。そのことを新渡戸は正しく指摘したのである。

女たちがこうした身近にある凶器から身命を守り、男たちの暴力から逃れるためには、どうような手段があっただろうか。その解決策の一つが、成人男性の立ち入りを禁止する閉鎖的な空間を作ることだった。男の暴力を断固として防ぐには、男人禁制という空間的特性を権力者から保証してもらえばより効果が発揮される。まさに大奥は、将軍権力を背景に男の立ち入りを禁止した避難所、アジールだったといえよう。ゆえに、やむをえず男を大奥の中に入れる際には、凶器を手放すことを条件として求めたのである。

アジールとしての大奥

戦国時代を振り返ってみれば、武装していたのは武士に限らなかった。女たちは武器を持った男たちからの暴力の恐怖に日常的に晒されていたのであり、男人禁制は女たちが戦国時代を生き延びるためのサバイバル・システムの一つだった。豊臣秀吉《とよとみのひでよし》の刀狩り以降の政策により、武器の使用が凍結され、刀の帯同は武士の身分的特権として定着していくが、それは十七世紀に入ってからのことである。近世初期の大奥に救済を求めて駆け込もうとした女性たちの行動は、右のような文脈の中で理解できるだろう。

駆け込み寺として著名な鎌倉東慶寺の場合は、駆け込みが成立すれば寺に禁足され、三年間の禁欲的な尼僧生活を強いられた（高木侃『三くだり半』）。アジールとしての大奥の場合も、ここを男人禁制とし、女性を暴力から守る権利が与えられるかわりに、そこに入り込んだ女性たちには簡単にそこから出ることを許さず、当分の間の勤労奉仕を求めたのである。定期的に下級女中に与えられる宿下がりが三年に一回だったというのも、いったん大奥に入れば三年間は外に出られなかったという文脈で読み解くことができるかもしれない。大奥奉公をしている三年間は男の暴力に脅かされる危険はないから、本人のみならず、親からしてみても、安心して娘時代を過ごさせることができた。つまり、アジールである大奥に入ったならば、一定期間はそこで過ごさなければならない、という不文律が共有されていたとすれば、奥方法度に女性の外出禁止をわざわざ記す必要はなかったといえるかもしれない。

しかし、近世を通じてさまざまなアジールの機能が衰退していったことが指摘されている。大奥のアジールの機能もまた、同じような経過をたどった。すでに述べたように、万治二年（一六五九）までの奥方法度には、走り込みの女を一切禁じた条文があった。わざわざ禁じなければならないのは、保護を求めて駆け込む女がいるからである。ところが、貞享元年（一六八四）の奥方法度では、この条文は確認できなくなる。戦国時代を終え、戦争のない平和な時代になった十七世紀後半には、大奥のアジールとしての機能は社会的役割を終えたと考えられる。

このように大奥の意義は変質していったが、その後も奥方に男性が入ることを制限する男人禁制の方針は続けられ、女性が大奥の外に出ることの制限も幕末になるまで残った。その長い時間の中で、女が男の暴力から守られているという意義が弱まると、逆に大奥から出られない不自由さが目立つことになり、その側面が強調されるようになる。しかも、大奥の属性は反転して、男性を大奥に入れさせない男人禁制よりも、女性を外に出さない閉鎖性にこそ大奥成立の意義があるように考えられ、いわゆる大奥イメージが作られていった。しかも、江戸時代を通じては、畳表の張替え一つですら老中の許可を受けねばならないほど、男性による干渉は強められていったのである。

本書では、右のような大奥の歴史的な変化を追ってきた。いつどのようにして不自由で閉鎖的な大奥が出来上がったのかということについて、おぼろげながらも輪郭が理解できるようになったのではないかと思う。

大奥の画期と終焉

ここで江戸時代の大奥の歴史を振り返ると、三つの大きな画期があったとまとめられる。

第一は、元和四年（一六一八）である。奥方法度が定められ、大奥における男人禁制が法によって整備された。第二は、寛文十年（一六七〇）である。女中法度が定められ、大奥は老中の支配下に置かれるように変化し、大奥の従属化が始まった。第三は享保六年（一七二一）である。奥方法度が大奥役人の役職名で記されるようになり、職制としての整備が進み、法度の内容も固定化した。ここに大奥は制度的な完成をみたと評価できる。

慶応四年（一八六八）三月。錦《にしき》の御旗《みはた》を掲げる官軍の江戸城攻撃が目前に迫っていた。江戸城本丸は文久三年（一八六三）十一月十五日に二の丸とともに炎上し、その後、再建されなかった。そのため、天璋院《てんしょういん》（十三代家定《いえさだ》の妻）と静寛院宮《せいかんいんのみや》（十四代家茂《いえもち》の妻）は西の丸の仮御殿に住んでいた。最後まで退城に抵抗していた二人であったが、四月九日に静寛院宮が北の丸の清水邸に移り、翌十日に天璋院が城外の一橋邸に移り、四月十一日に江戸開城となり、大奥は消滅した。明治になると、西の丸が皇居として造営され、現在の姿にいたっている。

こうして大奥をはじめとする奥女中制度は崩壊したが、奥向そのものが消滅したわけではなかった。表向との分離が大幅に進められたが、奥向は華族たち上流階級の私的な空間として残され、その中の〈表〉と〈奥〉の区分も維持された。しかし、そこに勤める者たちは、男女ともに使用人であり、労働者として華族の屋敷に勤務した点で、身分制を基礎とする近世武家社会の奥向構造は終焉を迎えたといえる（長野ひろ子『明治維新とジェンダー』、福田千鶴『近世武家社会の奥向構造』）。

〈奥〉に対するあこがれ

こうして江戸城大奥が物理的に消滅した一方で、庶民はその後も大奥や奥向に対するあこがれを持ち続けた。三田村鳶魚《みたむらえんぎょ》は『御殿女中』の中で、次のように指摘している。

江戸時代の町人百姓の虚栄心を充たすものは大名の生活であった。殿様ぐらしと云い、大名のようだと云って、羨みもすれば尊みもした。それの模擬は彼らの無上の贅沢であって、制度法律が恐ろしいから、資本まかせに勝手にその真似も許されない。（中略）ただ民間からの羨望は貴族の家庭に於ける日常である。訳もなく殿様奥様の暮される奥向が嬉しいのである。それを民間では結構なものとして、得意満面で話したり聞いたりするのをさえ喜んだ。

昭和三十九年（一九六四）に書かれた文章なので、これがすぐさま江戸庶民の心情であったとは断定できず、多分に昭和の雰囲気も加味していると思われる。それはともかく、鳶魚はこうした大奥に対する庶民のあこがれを証明するものとして、柳亭種彦《りゅうていたねひこ》の「諺《にせ》紫《むらさき》田舎源氏《いなかげんじ》」の爆発的な流行をあげている。これは文政十二年（一八二九）に初編を出して以降、天保九年（一八三八）からは市村座で一幕物の「内裡模様源氏紫《ごしょもようげんじのえどごろ》」として演じられ、嘉永四年（一八五一）九月七日に初演を迎えた「源氏模様娘雛形《げんじもようふりそでひながた》」は続き狂言として仕組まれ、稀有の大入り大当たりとなった。作品は十一代将軍家斉《いえなり》の大奥の栄華を彷彿とさせるもので、この芝居が大繁盛したことから、世間一般に何が喜ばれていたのかが得心されるとしている。庶民が大奥に代表される奥向にあこがれを持ち、殿様や奥様のような生活をしたいと願ったのはありがちなことだろう。

明治になって近代化が進むなかで家庭を守る主婦が誕生すると、とくに専業主婦を「奥さま」と呼ぶことが定着していく。専業主婦とは、働く妻に対置されるように、外で働かずに家庭内で家事や育児に専業する妻のことである。外で働く夫を「主人」と呼び、自らは良妻賢母として家庭内で「奥さま」としての役割をこなし、「奥さま」は上流階級の妻の代名詞となっていった。大奥は消滅したとはいえ、奥をめぐる問題は今も根強く影を落としているのである。現代社会を深く読み解くためにも、さらに江戸時代の奥向の問題を追究していく必要がある。

あとがき

私は一九六一年生まれである。自宅にいて電話セールスがかかってきて「奥さまですか」と尋ねられると、まずは「違います」と答える。すると、「奥さまはいらっしゃいますか」と聞いて来るので、「そんな人はいません」といって電話を切ることにしている。相手にはおそらく意味もわからず困惑させただけであり、無駄な抵抗だとはわかってはいるが、ささやかながらの私の反骨精神として続けている。

振り返って、私より年配の女性たちの中には、夫のことを「主人」と呼び、自身を「奥さま」と呼ばれることに嫌悪感を示される方が多かったように思う。その理由は、一般的な大奥《おおおく》のイメージに象徴されるように、〈奥〉とは女性が男性によって閉じ込められた場所であり、そこでは女性の自由は奪われていた。「奥さま」は妻の尊称であり、〈奥〉では妻として大切にされ、母として崇められたとしても、そのような不自由な身の象徴的表現である「奥さま」と呼ばれることには、容易に首肯しえなかったからである。

しかも、錠口《じょうぐち》で仕切られた〈奥〉のある家に住むわけではないのに、また家庭内で女中を召し使うわけでもないのに、専業主婦一般を「奥さま」と呼ぶのもおかしな話である。いつの頃からこのようなことが定着するのか、近代史側の分析が求められるが、おそらく三田村鳶魚《みたむらえんぎょ》が指摘するように、「奥さま」化現象はあこがれの貴族の日常生活を真似するところから出ており、「奥さま」という妻の尊称で呼ばれることにステータスが置かれたことによるのだろう。江戸時代であれば、庶民の妻を「奥さま」と呼ぶことなどは許されなかった。

さて、時代は移り変わり、一九八五年に男女雇用機会均等法が制定され、女性の社会進出のための機会が増え、さまざまな分野でジェンダーが取り払われて、女性にも多様な人生の選択肢が自由に許されるようになった。とはいうものの、大学で学生の就活相談を受けていると、こちらの期待に反して女子学生の一番人気の職業は「専業主婦」なのだという。社会に出て苦労して働くより、家で夫の帰りを待ち、家族の世話をしていた方が安心だからというのが理由だった。その気持ちは、わからなくもない。

一方、男子学生に尋ねてみても、なりたい職業は「専業主夫」なのだと真面目にいう。自分が働くよりも優秀な妻に稼いでもらい、自分は家を守りたいからというのが理由だった。ジェンダー・フリーの考え方は、間違いなく女性の専売特許だった「専業主婦」という領域をも開放しつつある。

ところが、悲しいかな、夫を「主人」と呼び、妻を「奥さま」と呼ぶことに、疑問符が示されることはほとんどなくなった。もはやこの言葉には実態をなす意味が失われており、単なる呼び名にすぎなくなっているからだというのはわかる。歴史的役割を終えた言葉が、その実態を失ったあとも、慣習的に使われる例はほかにもある。たとえば、家宅捜索。某巨大企業の不正をあばくために検察が高層ビルに取り調べに入るのに、家宅捜索はないだろう。時代にまったく即応していないと思うが、いまだに使われ続けている。そう思えば、「主人」「奥さま」にいちいち目くじらを立てるほどのことでもない……。

いや、それでも、やはり「奥さま」とは何かを問い続けたい。なぜなら、それこそが大奥の歴史を知ることの意義だと思うからだ。今後の実証的研究により、さらなる大奥の史実が明らかになることを切に願いたい。

吉川弘文館から二〇一八年に『近世武家社会の奥向構造』を出版していただき、第十七回徳川賞の栄誉に浴することができた。近世史研究者としては、冥利に尽きる。その本の「あとがき」で、奥向《おくむき》研究から卒業すると宣言したはずだったが、調べれば調べるほど芋づる式にいろいろなことがわかってきて、なかなか卒業できそうにない。これからも、しばらくは奥向研究を続けていくことになりそうだ。前著同様に本書も、斎藤信子さんに編集をご担当いただいた。人物叢書『酒井忠清』（吉川弘文館、二〇〇〇年）以来の長いおつきあいになる。また、編集の伊藤俊之さんにも、原稿を丁寧に読んでいただいた。改めて衷心からのお礼を申し上げたい。

最後に、本書が出版される二〇二一年に、私は還暦を迎える。この数年で身近な方々が立て続けに鬼籍に入られた。なかでも、二〇二〇年三月二十九日に六十三歳で急逝された山本博文氏に対して、ここに記して哀悼の意を表したい。突然の悲報を思い返すと胸が痛くなる。私にもあとどれほどの時間が残されているか心もとないが、山本氏によって切り拓かれた近世武家社会研究がさらに進展するよう、微力ながらも努めていきたいと思う。

二〇二〇年十一月二十二日

著　者　識

参考文献・主要史料

参考文献

飯島半十郎『蒔絵師伝・塗師伝』吉川弘文館、一九二五年
岩淵令治「境界としての江戸城大手三門―門番の職務と実態―」『東京大学史料編纂所研究紀要』二二、二〇一二年
小野清著・高柳金芳校注『史料徳川幕府の制度』人物往来社、一九六八年
笠谷和比古『江戸御留守居役』(『歴史文化ライブラリー』八九)、吉川弘文館、二〇〇〇年
旧東京帝国大学史談会編『旧事諮問録』青蛙房、一九六四年
高尾善希『忍者の末裔―江戸城に勤めた伊賀者たち―』KADOKAWA、二〇一七年
高木昭作『江戸幕府の制度と伝達文書』(『角川叢書』八)、角川書店、一九九九年
高木　侃『三くだり半―江戸の離婚と女性たち―』(『平凡社選書』一〇五)、平凡社、一九八七年
高澤憲治『松平定信政権と寛政改革』清文堂出版、二〇〇八年
竹内誠・深井雅海・松尾美恵子編『徳川「大奥」事典』東京堂出版、二〇一五年
竹内誠・深井雅海・松尾美恵子・藤田英昭編『論集大奥人物研究』東京堂出版、二〇一九年
内藤　昌『江戸と江戸城』鹿島研究所出版会、一九六六年
永島今四郎・太田贇雄編『定本江戸城大奥』新装版、新人物往来社、一九九五年

西ヶ谷恭弘『江戸城―その全容と歴史―』東京堂出版、二〇〇九年
新渡戸稲造著・矢内原忠雄訳『武士道』(『岩波文庫』)、岩波書店、一九三八年
畑　尚子『徳川政権下の大奥と奥女中』岩波書店、二〇〇九年
畑　尚子「宗教・信仰と大奥―将軍家の祈禱所を中心に―」竹内誠・深井雅海・松尾美恵子・藤田英昭編『論集大奥人物研究』東京堂出版、二〇一九年
服部佐智子・篠野志郎「江戸城本丸御殿大奥御殿向における殿舎構成の変遷と空間構成について」『日本建築学会計画系論文集』七四―六四一、二〇〇九年)
深井雅海『図解・江戸城をよむ―大奥・中奥・表向―』原書房、一九九七年
深井雅海『江戸城―本丸御殿と幕府政治―』(『中公新書』一九四五)、中央公論新社、二〇〇八年
福田千鶴『酒井忠清』(『人物叢書』二二五)、吉川弘文館、二〇〇〇年
福田千鶴『江の生涯―徳川将軍家御台所の役割―』(『中公新書』二〇八〇)、中央公論新社、二〇一〇年
福田千鶴『徳川秀忠』(新人物往来社、二〇一一年)
福田千鶴『春日局―今日は火宅を遁れぬるかな―』(『ミネルヴァ日本評伝選』)、ミネルヴァ書房、二〇一七年
福田千鶴『近世武家社会の奥向構造―江戸城・大名武家屋敷の女性と職制―』吉川弘文館、二〇一八年
福田千鶴「加藤忠廣の基礎的研究―附　飯田覚資料の翻刻・紹介―」『九州文化史研究所紀要』六二、二〇一九年
福田千鶴「江戸城本丸女中法度の基礎的研究」『九州文化史研究所紀要』六三、二〇二〇年

福田千鶴「江戸城本丸奥方法度の基礎的研究」『国立歴史民俗博物館報告』近年刊行予定
藤井讓治『江戸幕府老中制形成過程の研究』校倉書房、一九九〇年
藤井讓治『徳川家康』(『人物叢書』三〇〇)、吉川弘文館、二〇二〇年
藤田英昭「「森川家文書」所収の江戸城『御本丸御奥方御絵図』について」『千葉県の文書館』一八、二〇一三年
松尾美惠子「江戸幕府職制の成立過程―初期留守居の補任者と職務内容の検討―」児玉幸多先生古希記念会編『幕府制度史の研究』吉川弘文館、一九八三年
松尾美惠子「将軍御台所近衛熙子(天英院)の立場と行動」『歴史評論』七四七、二〇一二年
三田村鳶魚『御殿女中』青蛙房、一九六四年
柳谷慶子「大名家「女使」の任務―仙台藩伊達家を中心に―」総合女性史学会編『女性官僚の歴史―古代女官から現代キャリアまで―』吉川弘文館、二〇一三年
山本博文『江戸お留守居役の日記―寛永期の萩藩邸―』読売新聞社、一九九一年
山本博文『江戸城の宮廷政治―熊本藩細川忠興・忠利父子の往復書状―』読売新聞社、一九九三年
山本博文『大奥学事始め―女のネットワークと力―』日本放送出版協会、二〇〇八年

主要史料

「江戸城御本丸御表御中奥御大奥総絵図」(東京都立中央図書館蔵)
「江戸幕府日記」(姫路城郭研究所蔵姫路酒井家文書)

『落穂集』（『改訂史籍集覧』一〇、続群書類聚完成会）
「御留守居勤方手扣」（国立公文書館蔵）
『寛永諸家系図伝』（続群書類従完成会）
『寛政重修諸家譜』（続群書類従完成会）
「教令類纂」（国立公文書館蔵）
『義演准后日記』（『史料纂集』、続群書類従完成会）
「渓心院文」（国立公文書館蔵）
「慶長十三年江戸図」（『古板江戸図集成』一、中央公論美術出版）
「憲教類典」（国立公文書館蔵）
『源敬様御代御記録』一（『史料纂集』、八木書店）
「公儀所日乗」（山口県立文書館蔵毛利家文庫）
「御老中方窺之留」（姫路酒井家文書、群馬県立図書館蔵マイクロフィルム利用）
「正徳江戸城図」（国立国会図書館蔵）
「諸事留」（国立公文書館蔵）
「女中帳」（国立公文書館蔵）
『政談』（荻生徂徠著、岩波書店）
『前世界雑話稿』（『明治百年史叢書　松平春岳全集』一、原書房）
「端午重陽歳暮之帳」（国文学研究資料館蔵阿波国蜂須賀家文書）

『朝林』前編・後編（共同研究報告書、名古屋学芸大学短期大学部東海地域文化研究所・名古屋外国語大学国際コミュニケーション研究所）
「天保雑記」（国立公文書館蔵）
『当代記』（『史料雑纂』二、続群書類従完成会）
「東武実録」（国立公文書館蔵）
『東武日記』（『日本都市生活史料集成』二・三都篇二、学習研究社）
『土芥寇讎記』（『江戸史料叢書』、人物往来社）
『徳川禁令考』前集第三（司法省、創文社）
「人見私記」（国立公文書館蔵）
「武州豊嶋郡江戸庄図」（『古板江戸図集成』一、中央公論美術出版）
『本光国師日記』（続群書類従完成会）
「間部日記」（国立公文書館蔵）
『明良帯録』（『改訂史籍集覧』一一、続群書類従完成会）
『明良洪範』（国書刊行会）
『毛利三代実録考証』（『山口県史』史料編・近世一下、山口県）
「土佐山内家文書」（高知城歴史博物館蔵、東京大学史料編纂所写真版利用）
「柳営勤役録」（上越市立図書館蔵榊原文書）
『柳営補任』（『大日本近世史料』、東京大学出版会）

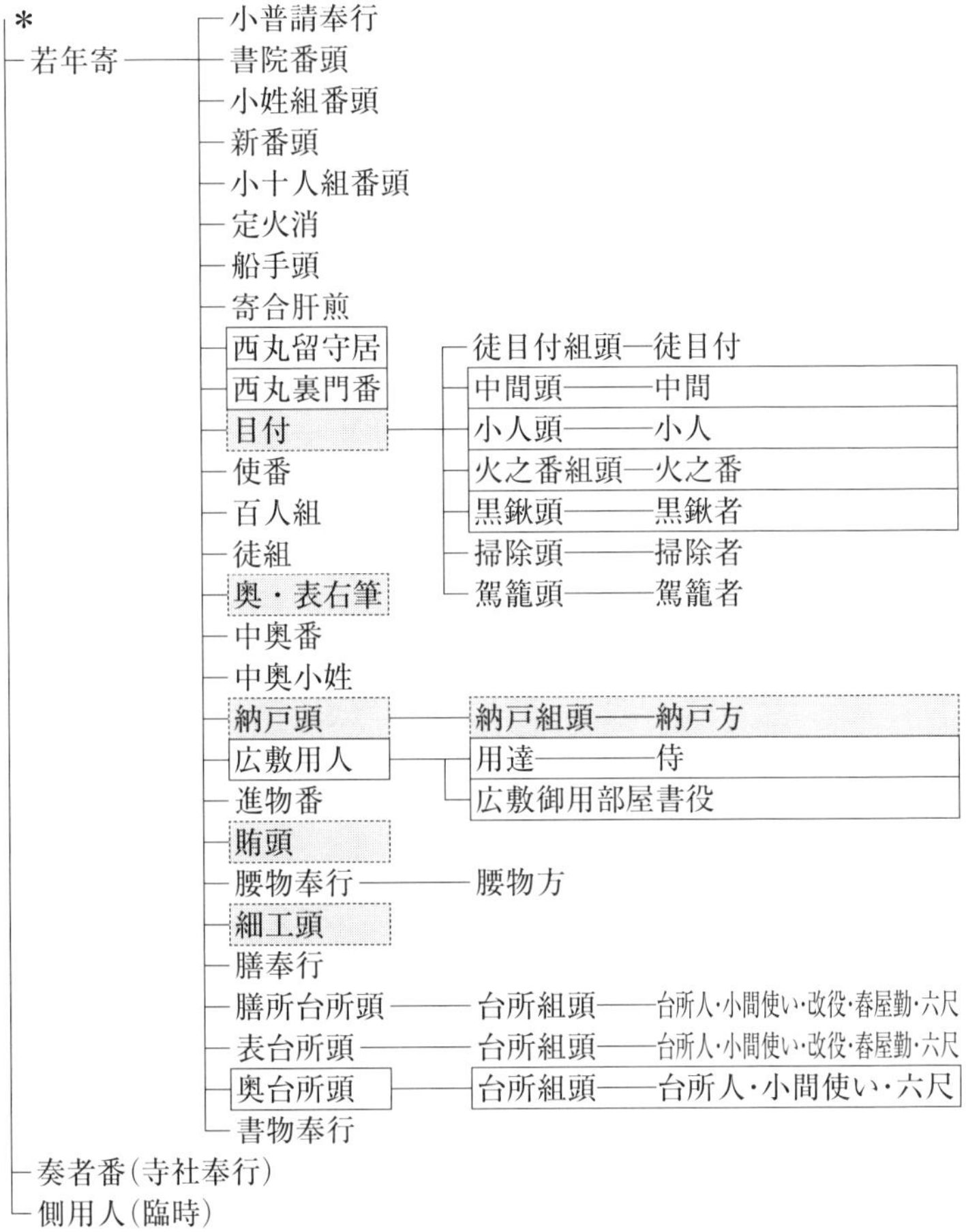

(出典)『古事類苑』官位部三(吉川弘文館、1988年)より作成。

(注) [ ]は大奥役人。[ ]は大奥に関係する表向役人。

江戸幕府職制図

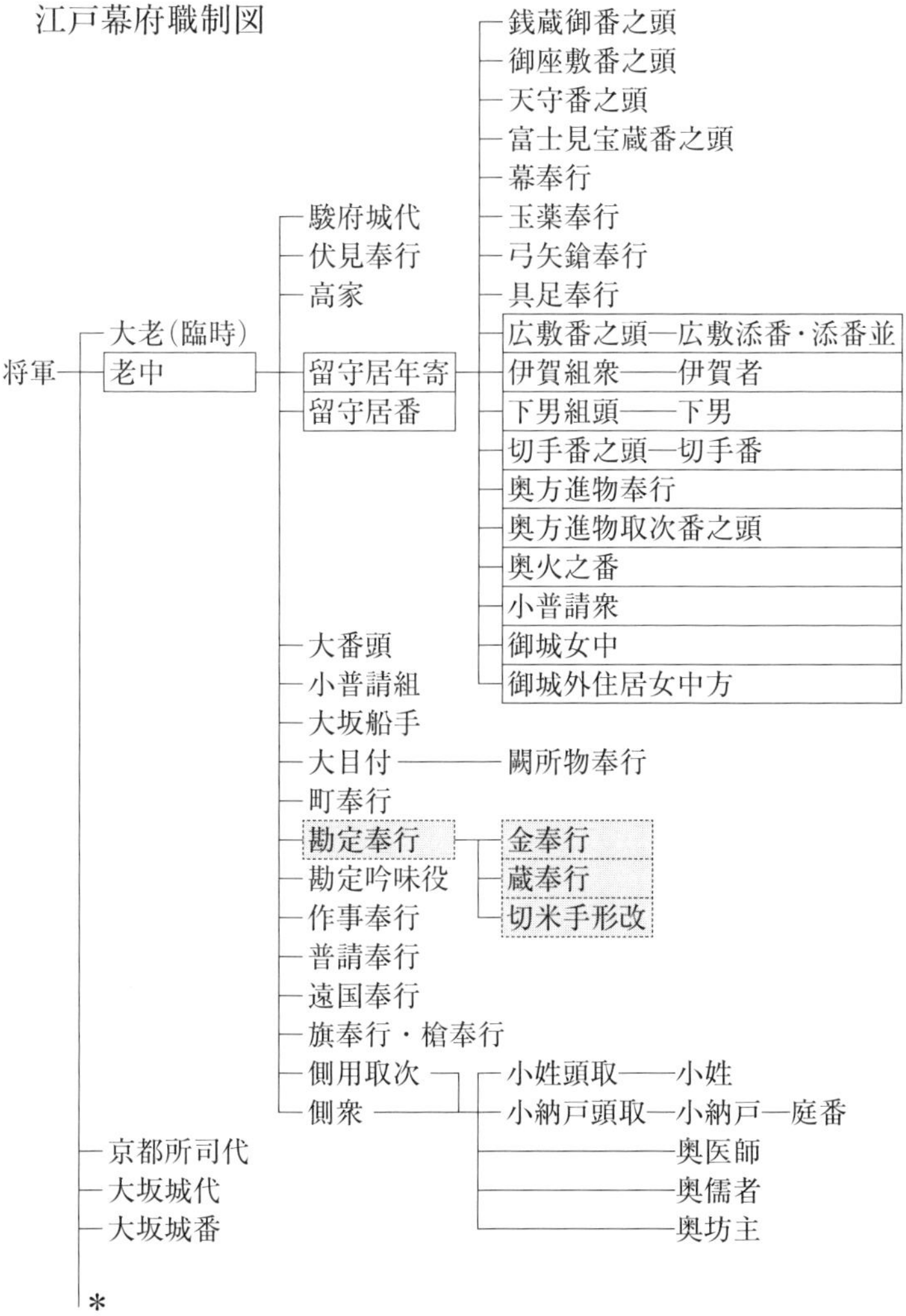
将軍
大老(臨時)
老中
駿府城代
伏見奉行
高家
留守居年寄
留守居番
銭蔵御番之頭
御座敷番之頭
天守番之頭
富士見宝蔵番之頭
幕奉行
玉薬奉行
弓矢鎗奉行
具足奉行
広敷番之頭―広敷添番・添番並
伊賀組衆――伊賀者
下男組頭――下男
切手番之頭―切手番
奥方進物奉行
奥方進物取次番之頭
奥火之番
小普請衆
御城女中
御城外住居女中方
大番頭
小普請組
大坂船手
大目付
闕所物奉行
町奉行
勘定奉行
金奉行
蔵奉行
切米手形改
勘定吟味役
作事奉行
普請奉行
遠国奉行
旗奉行・槍奉行
側用取次
側衆
小姓頭取――小姓
小納戸頭取―小納戸―庭番
奥医師
奥儒者
奥坊主
京都所司代
大坂城代
大坂城番
*

著者紹介

一九六一年、福岡県に生まれる
一九九三年、九州大学大学院文学研究科博士課程後期中途退学
一九九七年、九州大学博士（文学）取得
国文学研究資料館・史料館助手、東京都立大学助教授、九州産業大学教授等を経て、
現在、九州大学基幹教育院教授

〔主要著書〕
『幕藩制的秩序と御家騒動』（校倉書房、一九九九年）
『酒井忠清』（吉川弘文館、二〇〇〇年）
『春日局』（ミネルヴァ書房、二〇一七年）
『近世武家社会の奥向構造』（吉川弘文館、二〇一八年）

歴史文化ライブラリー
528

女と男の大奥
大奥法度を読み解く

二〇二一年（令和三）七月一日　第一刷発行

著者　福《ふく》田《だ》千《ち》鶴《づる》
発行者　吉川道郎
発行所　株式会社　吉川弘文館
東京都文京区本郷七丁目二番八号
郵便番号一一三—〇〇三三
電話〇三—三八一三—九一五一〈代表〉
振替口座〇〇一〇〇—五—二四四
http://www.yoshikawa-k.co.jp/
印刷＝株式会社　平文社
製本＝ナショナル製本協同組合
装幀＝清水良洋・宮崎萌美

ISBN978-4-642-05928-2

歴史文化ライブラリー

1996. 10

刊行のことば

現今の日本および国際社会は、さまざまな面で大変動の時代を迎えておりますが、近づきつつある二十一世紀は人類史の到達点として、物質的な繁栄のみならず文化や自然・社会環境を謳歌できる平和な社会でなければなりません。しかしながら高度成長・技術革新にともなう急激な変貌は「自己本位な刹那主義」の風潮を生みだし、先人が築いてきた歴史や文化に学ぶ余裕もなく、いまだ明るい人類の将来が展望できていないようにも見えます。このような状況を踏まえ、よりよい二十一世紀社会を築くために、人類誕生から現在に至る「人類の遺産・教訓」としてのあらゆる分野の歴史と文化を「歴史文化ライブラリー」として刊行することといたしました。

小社は、安政四年（一八五七）の創業以来、一貫して歴史学を中心とした専門出版社として書籍を刊行しつづけてまいりました。その経験を生かし、学問成果にもとづいた本叢書を刊行し社会的要請に応えて行きたいと考えております。

現代は、マスメディアが発達した高度情報化社会といわれますが、私どもはあくまでも活字を主体とした出版こそ、ものの本質を考える基礎と信じ、本叢書をとおして社会に訴えてまいりたいと思います。これから生まれでる一冊一冊が、それぞれの読者を知的冒険の旅へと誘い、希望に満ちた人類の未来を構築する糧となれば幸いです。

吉川弘文館

歴史文化ライブラリー

近世史

徳川忠長 兄家光の苦悩、将軍家の悲劇——小池 進
女と男の大奥 大奥法度を読み解く——福田千鶴
細川忠利 ポスト戦国世代の国づくり——稲葉継陽
家老の忠義 大名細川家存続の秘訣——林 千寿
江戸の政権交代と武家屋敷——岩本 馨
江戸の町奉行——南 和男
大名行列を解剖する 江戸の人材派遣——根岸茂夫
江戸大名の本家と分家——野口朋隆
〈甲賀忍者〉の実像——藤田和敏
江戸の武家名鑑 武鑑と出版競争——藤實久美子
江戸の出版統制 弾圧に翻弄された戯作者たち——佐藤至子
武士という身分 城下町萩の大名家臣団——森下 徹
旗本・御家人の就職事情——山本英貴
武士の奉公 本音と建前 江戸時代の出世と処世術——高野信治
宮中のシェフ、鶴をさばく 江戸時代の朝廷と庖丁道——西村慎太郎
犬と鷹の江戸時代 〈犬公方〉綱吉と〈鷹将軍〉吉宗——根崎光男
紀州藩主 徳川吉宗 明君伝説・宝永地震・隠密御用——藤本清二郎
近世の巨大地震——矢田俊文
死者のはたらきと江戸時代 遺訓・家訓・辞世——深谷克己
闘いを記憶する百姓たち 江戸時代の裁判学習帳——八鍬友広
江戸時代の瀬戸内海交通——倉地克直
江戸のパスポート 旅の不安はどう解消されたか——柴田 純
江戸の捨て子たち その肖像——沢山美果子
江戸の乳と子ども いのちをつなぐ——沢山美果子
江戸時代の医師修業 学問・学統・遊学——海原 亮
江戸幕府の日本地図 国絵図・城絵図・日本図——川村博忠
踏絵を踏んだキリシタン——安高啓明
墓石が語る江戸時代 大名・庶民の墓事情——関根達人
石に刻まれた江戸時代 無縁・遊女・北前船——関根達人
近世の仏教 華ひらく思想と文化——末木文美士
松陰の本棚 幕末志士たちの読書ネットワーク——桐原健真
龍馬暗殺——桐野作人
日本の開国と多摩 生糸・農兵・武州一揆——藤田 覚
幕末の世直し 万人の戦争状態——須田 努
幕末の海軍 明治維新への航跡——神谷大介
海辺を行き交うお触れ書き 浦触の語る徳川情報網——水本邦彦
江戸の海外情報ネットワーク——岩下哲典

歴史文化ライブラリー

近・現代史

江戸無血開城 本当の功労者は誰か？ —— 岩下哲典
五稜郭の戦い 蝦夷地の終焉 —— 菊池勇夫
水戸学と明治維新 —— 吉田俊純
大久保利通と明治維新 —— 佐々木 克
刀の明治維新 「帯刀」は武士の特権か？ —— 尾脇秀和
維新政府の密偵たち 御庭番と警察のあいだ —— 大日方純夫
京都に残った公家たち 華族の近代 —— 刑部芳則
文明開化 失われた風俗 —— 百瀬 響
西南戦争 戦争の大義と動員される民衆 —— 猪飼隆明
大久保利通と東アジア 国家構想と外交戦略 —— 勝田政治
明治の政治家と信仰 クリスチャン民権家の肖像 —— 小川原正道
文明開化と差別 —— 今西 一
大元帥と皇族軍人 明治編 —— 小田部雄次
皇居の近現代史 開かれた皇室像の誕生 —— 河西秀哉
日本赤十字社と皇室 博愛か報国か —— 小菅信子
神都物語 伊勢神宮の近現代史 —— ジョン・ブリーン
陸軍参謀 川上操六 日清戦争の作戦指導者 —— 大澤博明
日清・日露戦争と写真報道 戦場を駆ける写真師たち —— 井上祐子
公園の誕生 —— 小野良平
鉄道忌避伝説の謎 汽車が来た町、来なかった町 —— 青木栄一
軍隊を誘致せよ 陸海軍と都市形成 —— 松下孝昭
お米と食の近代史 —— 大豆生田 稔
日本酒の近現代史 酒造地の誕生 —— 鈴木芳行
失業と救済の近代史 —— 加瀬和俊
近代日本の就職難物語 「高等遊民」になるけれど —— 町田祐一
海外観光旅行の誕生 —— 有山輝雄
難民たちの日中戦争 戦火に奪われた日常 —— 芳井研一
昭和天皇とスポーツ 〈玉体〉の近代史 —— 坂上康博
大元帥と皇族軍人 大正・昭和編 —— 小田部雄次
昭和陸軍と政治 「統帥権」というジレンマ —— 高杉洋平
海軍将校たちの太平洋戦争 —— 手嶋泰伸
松岡洋右と日米開戦 大衆政治家の功と罪 —— 服部 聡
稲の大東亜共栄圏 帝国日本の〈緑の革命〉 —— 藤原辰史
地図から消えた島々 幻の日本領と南洋探検家たち —— 長谷川亮一
自由主義は戦争を止められるのか 芦田均・清沢洌・石橋湛山 —— 上田美和
モダン・ライフと戦争 スクリーンのなかの女性たち —— 宜野座菜央見
軍用機の誕生 日本軍の航空戦略と技術開発 —— 水沢 光

歴史文化ライブラリー

首都防空網と〈空都〉多摩——鈴木芳行
帝都防衛 戦争・災害・テロ——土田宏成
陸軍登戸研究所と謀略戦 科学者たちの戦争——渡辺賢二
帝国日本の技術者たち——沢井 実
〈いのち〉をめぐる近代史 堕胎から人工妊娠中絶へ——岩田重則
強制された健康 日本ファシズム下の生命と身体——藤野 豊
戦争とハンセン病——藤野 豊
「自由の国」の報道統制 大戦下の日系ジャーナリズム——水野剛也
海外戦没者の戦後史 遺骨帰還と慰霊——浜井和史
学徒出陣 戦争と青春——蜷川壽惠
特攻隊の〈故郷〉 霞ヶ浦・筑波山・北浦・鹿島灘——伊藤純郎
沖縄戦 強制された「集団自決」——林 博史
陸軍中野学校と沖縄戦 知られざる少年兵「護郷隊」——川満 彰
沖縄戦の子どもたち——川満 彰
沖縄からの本土爆撃 米軍出撃基地の誕生——林 博史
原爆ドーム 物産陳列館から広島平和記念碑へ——頴原澄子
米軍基地の歴史 世界ネットワークの形成と展開——林 博史
沖縄米軍基地全史——野添文彬
沖縄 占領下を生き抜く 軍用地・通貨・毒ガス——川平成雄
考証 東京裁判 戦争と戦後を読み解く——宇田川幸大
昭和天皇退位論のゆくえ——冨永 望
ふたつの憲法と日本人 戦前・戦後の憲法観——川口暁弘
戦後文学のみた〈高度成長〉——伊藤正直
首都改造 東京の再開発と都市政治——源川真希
鯨を生きる 鯨人の個人史・鯨食の同時代史——赤嶺 淳

文化史・誌

落書きに歴史をよむ——三上喜孝
山寺立石寺 霊場の歴史と信仰——山口博之
跋扈《ばっこ》する怨霊 祟りと鎮魂の日本史——山田雄司
将門伝説の歴史——樋口州男
藤原鎌足、時空をかける 変身と再生の日本史——黒田 智
空海の文字とことば——岸田知子
日本禅宗の伝説と歴史——中尾良信
殺生と往生のあいだ 中世仏教と民衆生活——苅米一志
浦島太郎の日本史——三舟隆之
〈ものまね〉の歴史 仏教・笑い・芸能——石井公成
戒名のはなし——藤井正雄
墓と葬送のゆくえ——森 謙二

歴史文化ライブラリー

民俗学・人類学

世界史

歴史文化ライブラリー

歴史文化ライブラリー

古代豪族と武士の誕生――森 公章
飛鳥の宮と藤原京 よみがえる古代王宮――林部 均
出雲国誕生――大橋泰夫
古代出雲――前田晴人
古代の皇位継承 天武系皇統は実在したか――遠山美都男
古代天皇家の婚姻戦略――荒木敏夫
壬申の乱を読み解く――早川万年
戸籍が語る古代の家族――今津勝紀
地方官人たちの古代史 律令国家を支えた人びと――中村順昭
古代の都はどうつくられたか 中国・日本・朝鮮・渤海――吉田 歓
平城京に暮らす 天平びとの泣き笑い――馬場 基
平城京の住宅事情 貴族はどこに住んだのか――近江俊秀
すべての道は平城京へ 古代国家の〈支配の道〉――市 大樹
都はなぜ移るのか 遷都の古代史――仁藤敦史
聖武天皇が造った都 難波宮・恭仁宮・紫香楽宮――小笠原好彦
天皇側近たちの奈良時代――十川陽一
藤原仲麻呂と道鏡 ゆらぐ奈良朝の政治体制――鷺森浩幸
遣唐使の見た中国――古瀬奈津子
古代の女性官僚 女官の出世・結婚・引退――伊集院葉子
〈謀反〉の古代史 平安朝の政治改革――春名宏昭
平安朝 女性のライフサイクル――服藤早苗
平安貴族の住まい 寝殿造から読み直す日本住宅史――藤田勝也
平安京のニオイ――安田政彦
平安京の災害史 都市の危機と再生――北村優季
平安京はいらなかった 古代の夢を喰らう中世――桃崎有一郎
天神様の正体 菅原道真の生涯――森 公章
平将門の乱を読み解く――木村茂光
安倍晴明 陰陽師たちの平安時代――繁田信一
平安時代の死刑 なぜ避けられたのか――戸川 点
古代の神社と神職 神をまつる人びと――加瀬直弥
古代の食生活 食べる・働く・暮らす――吉野秋二
大地の古代史 土地の生命力を信じた人びと――三谷芳幸
時間の古代史 霊鬼の夜、秩序の昼――三宅和朗

中世史

列島を翔ける平安武士 九州・京都・東国――野口 実
源氏と坂東武士――野口 実
敗者たちの中世争乱 年号から読み解く――関 幸彦
平氏が語る源平争乱――永井 晋

歴史文化ライブラリー

歴史文化ライブラリー

〈武家の王〉足利氏 戦国大名と足利的秩序――谷口雄太
室町将軍の御台所 日野康子・重子・富子――田端泰子
名前と権力の中世史 室町将軍の朝廷戦略――水野智之
摂関家の中世 藤原道長から豊臣秀吉まで――樋口健太郎
戦国貴族の生き残り戦略――岡野友彦
鉄砲と戦国合戦――宇田川武久
検証 長篠合戦――平山 優
織田信長と戦国の村 天下統一のための近江支配――深谷幸治
検証 本能寺の変――谷口克広
明智光秀の生涯――諏訪勝則
加藤清正 朝鮮侵略の実像――北島万次
落日の豊臣政権 秀吉の憂鬱、不穏な京都――河内将芳
豊臣秀頼――福田千鶴
イエズス会がみた「日本国王」 天皇・将軍・信長・秀吉――松本和也
海賊たちの中世――金谷匡人
アジアのなかの戦国大名 西国の群雄と経営戦略――鹿毛敏夫
琉球王国と戦国大名 島津侵入までの半世紀――黒嶋 敏
天下統一とシルバーラッシュ 銀と戦国の流通革命――本多博之

各冊一七〇〇円～二〇〇〇円（いずれも税別）
▽残部僅少の書目も掲載してあります。品切の節はご容赦下さい。
▽品切書目の一部について、オンデマンド版の販売も開始しました。
詳しくは出版図書目録、または小社ホームページをご覧下さい。